STRESS ABBAUEN - RESILIENZ AUFBAUEN

Mit diesen bewährten Techniken der Stressbewältigung bleiben Sie im Alltag gelassen. Mehr Lebensfreude - weniger Sorgen

DERICK HOWELL

BONUSHEFT

Mit dem Kauf dieses Buches haben Sie ein kostenloses Bonusheft erworben.

In diesem Bonusheft „14 Tage Achtsamkeit" erhalten Sie bewährte Achtsamkeitstechniken, die Sie in Ihrem Alltag problemlos anwenden können, um mehr im gegenwärtigen Moment zu leben. Sie können damit täglich mehr Ruhe und Frieden in Ihr Leben bringen.

Alle Informationen darüber, wie Sie sich schnell dieses Gratis-Bonusheft sichern können, finden Sie am <u>Ende dieses Buches</u>.

Beachten Sie, dass dieses Heft nur für eine begrenzte Zeit kostenlos zum Download zur Verfügung steht.

INHALTSVERZEICHNIS

EINFÜHRUNG

Nehmen wir mal an, Sie sitzen in Ihrem Lieblingscafé, lesen dieses Buch, und während Sie einen Schluck Ihres köstlichen Kaffees zu sich nehmen, schauen Sie hoch und bemerken Menschen, die in der Warteschlange stehen. Ihre Aufmerksamkeit wandert zu der Frau im schwarzen Kleid, die hinter drei Personen an der Theke steht. Schauen Sie sich diese Frau nun einmal wirklich genau an. Damit meine ich nicht nur, ihr einen einfachen Blick zuzuwerfen. Nehmen Sie sich wirklich Zeit, sie anzuschauen. Ihr fehlen wahrscheinlich keine Finger, sie scheint keine Narben zu haben oder gar kränklich auszusehen. Sie scheint völlig gesund zu sein. Sie könnte jedoch an einer Krankheit leiden, die Sie nicht sehen können, wie z. B. ein hoher Cholesterinspiegel, Bluthochdruck oder eine andere Krankheit. Die Krankheiten, die wir heute bekommen, unterscheiden sich von denen, die früher unsere Eltern oder Großeltern hatten. Zudem haben die Arten der heutigen Krankheiten auch andere Ursachen und Folgen.

Wenn ein Höhlenmensch versehentlich verseuchtes Fleisch aß, waren die Folgen klar - er würde ein paar Tage später daran sterben. Wenn es heute nun um eine schlechte Ernährung geht, sind die Folgen nicht so klar definiert. Die Folge einer schlechten Ernährung könnte mit einer Vielzahl von Erkrankungen enden, wie z. B. mit Herz-Kreislauf-Problemen, Fettleibigkeit, oder Diabetes, die Ihre Lebensqualität beeinträchtigen. Aber dieses Ergebnis hängt von vielen Faktoren ab, u. a. von Ihrer genetischen Veranlagung, der Art der ungesunden Fertigkost (welche Sie ständig gegessen haben, wie viel Sie davon gegessen haben), Ihrer Persönlichkeit und Ihrem Stresslevel.

Stress ist überall und es gibt keine Möglichkeit, ihn gänzlich zu vermeiden. Ob Sie nun im Stau stehen, zu spät zur Arbeit kommen, eine bevorstehende Deadline, Beziehungsprobleme oder Traumata haben - wir alle waren schon einmal in Stresssituationen.

Haben Sie schon mal bemerkt, wie Ihre Atmung schneller wird, Ihr Puls ansteigt und sich Ihre Muskeln anspannen, wenn etwas Stressiges passiert? Vielleicht bekommen Sie sogar einen Energieschub und sind bereit, alles auf sich zu nehmen, was auf Sie zukommt. Das mag zwar toll sein, wenn Sie in Gefahr sind, aber es funktioniert nicht, wenn der Auslöser Ihres Stresses Ihr dreijähriger Sohn oder Ihr anspruchsvoller Chef ist. Was tun Sie dann? Wie gehen Sie mit diesem Stress um?

Das Leben hat viele Anforderungen und jeden Tag kommen neue hinzu. Diese Anforderungen können entweder guten oder schlechten Stress verursachen. Ich vermute, Sie wussten nicht einmal, dass nicht jeder Stress schlecht ist. Beispielsweise kann es stressig sein, zu heiraten oder in ein größeres Haus zu ziehen. Aber die meisten Menschen sehen es nicht als schlechten Stress an, weil dies gute Dinge in ihrem Leben sind. Sie stehen kurz davor, die Liebe Ihres Lebens zu heiraten, aber die Planung der Hochzeit hat Sie stark belastet. Ein Umzug erfordert, dass Sie alles einpacken, auspacken und neu arrangieren, damit sich Ihr neues Haus wirklich wie Ihr neues Zuhause anfühlt. Haben Sie jedoch die Zeit, all dies zu erledigen?

Viele von uns sind sich dessen bewusst, dass wir unter Stress leiden, aber leider haben wir oft das Gefühl, ihn nicht unter Kontrolle zu haben. Zudem haben wir in der Regel nicht die Mittel oder Fähigkeiten, die Auswirkungen zu mindern und mit unserem allgemeinen Stresslevel zurechtzukommen. Wie viele von uns sind auch Sie vielleicht auf der Suche nach wirksamen Methoden und Fähigkeiten, mit denen Sie Ihren Stress verringern können.

Wenn Sie sich dessen bewusst sind, dass Sie gestresst sind, oder wenn Sie vermuten, dass Sie es sein könnten, dann ist dieses Buch genau das richtige für Sie. Es enthält eine Vielzahl von detaillierten Techniken und Tipps, die Ihnen helfen sollen, Ihren Stress zu bewältigen, Ihre Arbeitsweise und Konzentration zu verbessern und gleichzeitig Ihre Lebensqualität zu steigern. Diese Techniken dienen nicht nur dem Stressabbau - sie sollen Ihnen beibringen, wie Sie mit Stress umgehen und gleichzeitig eine Widerstandsfähigkeit gegen Stress und seine Auswirkungen aufbauen können. Dieses Buch enthält eine praktische Anleitung, die Sie sofort anwenden können, um Stress zu beseitigen. Des Weiteren hilft Ihnen dieses Buch dabei, den physischen und psychischen Druck, den Stress verursacht, dauerhaft abzubauen, um die Kontrolle wiederzuerlangen und Ihre Reaktion auf Stress zu verändern.

Sie könnten sich nun fragen, wie ich mir des Erfolges dieser Techniken so sicher sein kann. Welchen Beweis gibt es dafür, dass diese Übungen Stress wirklich abbauen? Nun, schon mehr als 10 Jahre lang unterrichte ich schon die unterschiedlichsten Menschen zum Thema Stress, worin dessen Ursachen liegen und wie man effektiv mit ihm umgeht. Dabei werden meine unterschiedlichen Ansätze, Tipps und Tricks durch Forschungsarbeiten, umfangreiche Langzeitstudien und durch persönliche Erfahrungen gestützt.

Menschen auf der ganzen Welt, mich eingeschlossen, haben sich diese Techniken zu eigen gemacht und erleben dadurch viele Vorteile. Sie machen sich weniger Sorgen, haben weniger Stimmungsschwankungen und emotionale Ausbrüche und bleiben auch unter Druck ruhig, weil sie mentale und emotionale Belastbarkeit aufgebaut haben - aber es gibt noch weitere Vorteile. Wenn Sie lernen, Ihren Stress abzubauen und zu bewältigen, ist das gut für Sie, sowohl mental als auch körperlich. Es steigert Ihr Glück und Ihr Wohlbefinden und hilft Ihnen, einige der Auswirkungen von Stress, wie z. B. einen hohen Cortisol- und Adrenalinspiegel, ins Positive umzukehren.

Ich wende täglich Achtsamkeit, Atemtechniken und Meditation an. Ich muss viel unter einen Hut bringen, dabei helfen mir diese Fähigkeiten, geistig gesund und auf dem richtigen Weg zu bleiben. Die Lektüre dieses Buches wird nicht nur Ihre Sichtweise auf Stress verändern, sondern Ihnen auch zeigen, dass es einfach ist, mit Stress umzugehen - man muss nur aufmerksam sein. Diese Techniken werden Ihnen helfen, Ihre Emotionen, wie z. B. Wut,

Zorn oder Hilflosigkeit, besser zu kontrollieren. Sie werden Ihre Denkweise sowie Ihre Verhaltensweisen, Gewohnheiten und Handlungen verändern und Ihnen neue Wege zeigen, wie Sie mit schwierigen Situationen besser umgehen können.

Bleiben Sie während des Lesens dieses Buches offen und erlauben Sie mir, Ihnen zu helfen, wie Sie sich mit den Hilfsmitteln und Fähigkeiten ausstatten, die für die Stressbewältigung notwendig sind. Nehmen Sie sich ein Heft und einen Stift zur Hand und notieren Sie sich die wichtigsten Konzepte, die in diesem Buch besprochen werden. Sie werden verstehen, dass Sie dem Stress nicht mehr hilflos gegenüberstehen - Sie können jetzt die Kontrolle übernehmen! Niemand will sein Leben gestresst bestreiten, und auch wenn Sie den Stress nicht gänzlich eliminieren können, so sind Sie auf jeden Fall imstande, zu lernen, wie Sie ihn kontrollieren können. Der erste Schritt ist die Lektüre dieses Buches.

Viel Spaß beim Lesen!

KAPITEL 1

Stress 101: Die Grundlagen von Stress

Denken Sie darüber nach:

Was ist das Erste, was Ihnen in den Sinn kommt, wenn jemand das Wort „Stress" sagt? Vielleicht denken Sie an Ihren strengen Chef und Ihren nervenaufreibenden Job, Ihre unsicheren Finanzen, Ihre zerbrochene Ehe oder an ein schreckliches Ereignis, das Ihnen vor Jahren passiert ist, Sie aber immer noch verfolgt. Was auch immer Ihre Definition sein mag, Fakt ist, dass die meisten von uns nicht wirklich wissen, was Stress bedeutet. Wir erleben ihn von Zeit zu Zeit, aber wenn man uns fragt, Stress genau zu definieren, fehlt uns meistens die Erklärung. Tatsächlich merken wir meistens erst dann, dass wir gestresst sind, wenn wir kurz vor dem Zusammenbruch stehen. Was genau ist also Stress?

Was ist Stress?

Zu definieren, was Stress bedeutet, kann schwierig sein, da es sich um eine recht subjektive Wahrnehmung handelt. Laut dem *American Institute of Stress* lässt sich der Begriff Stress jedoch definieren als die unspezifische Reaktion des Körpers auf alle Forderungen nach Veränderung. Hans Selye konzipierte diese Definition von Stress im Jahr 1936. Er war ein ungarisch-kanadischer Endokrinologe, der die hypothetische nichtwissenschaftliche Reaktion von Organismen auf Stressfaktoren erforschte. Er stellte fest, dass Stress belastend ist, unabhängig davon, ob man gute oder schlechte Nachrichten erhält oder ob der Impuls negativ oder positiv ist. Hans Selyes Forschungen über Stress begannen, nachdem er beobachtet hatte, dass Patienten mit chronischen Krankheiten ähnliche Symptome zeigten, die er später dem Stress zugeordnet hat. Er beobachtete dasselbe Phänomen auch, wenn Laborratten Kälte, Medikamenten oder chirurgischen Eingriffen ausgesetzt waren. Sie zeigten eine gemeinsame Reihe von Reaktionen, die er das *Allgemeine Anpassungssyndrom* nannte. Dieses Syndrom verlief in drei Phasen - zuerst die anfängliche *Alarmphase*, gefolgt von einer *Widerstands-* oder *Anpassungsphase* und schließlich *Erschöpfung und Tod.*

Nach Angaben der Mayo-Klinik bezieht sich die Alarmphase auf die oben genannten Symptome im Körper, wenn er unter Stress steht. Diese Kampf-oder-Flucht-Reaktion bereitet Sie darauf vor, in schlechten Situationen entweder zu fliehen oder sich zu schützen. In dieser Phase erhöht sich Ihre Herzfrequenz, Cortisol wird freigesetzt, was Ihren Energiepegel erhöht, Ihre Muskeln spannen sich an und bereiten sich darauf vor, was passieren könnte. Die zweite Phase, die Widerstandsphase, kommt nach der Kampf-oder-Flucht-Reaktion, wenn der Körper beginnt, sich selbst zu erholen. Der Cortisolspiegel sinkt und Ihre Pulsfrequenz und Ihr Blutdruck beginnen wieder, sich auf ihr normales Niveau zu senken. Die alarmierende Phase des Stresses besagt jedoch, dass Ihr Körper, obwohl er in die Erholungsphase eingetreten ist, immer noch in hoher Alarmbereitschaft ist. Wenn Sie Ihre Stresssituation bewältigt haben und diese kein Problem mehr darstellt, beginnt Ihr Körper, sich zu erholen und Ihren Hormonspiegel, den Blutdruck und den Herzschlag zu regulieren.

Wenn der Stress jedoch fortbesteht, bleibt Ihr Körper in diesem erhöhten Zustand der Wachsamkeit und wird sich schließlich an ein Leben mit einem höheren Stressniveau anpassen. Ihr Körper wird sich dann Veränderungen unterziehen, die Ihnen vielleicht nicht bewusst sind. Ihr Körper schüttet weiterhin Cortisol und andere Hormone aus und sowohl Ihre Herzfrequenz als auch Ihr Blutdruck bleiben erhöht. Sie können auch Reizbarkeit, Frustration und Konzentrationsprobleme aufweisen. Wenn das Widerstandsstadium zu lange ohne Pause oder Unterbrechung andauert, kann es zum Stadium der Erschöpfung übergehen.

Das Erschöpfungsstadium entsteht als Folge von lang anhalten-
dem oder chronischem Stress. Es tritt auf, wenn Sie zu lange mit
Stress gekämpft haben, Sie körperlich, geistig und emotional ausgelaugt sind und Sie schlichtweg nicht mehr die Kraft haben, den
Stress zu bekämpfen. An diesem Punkt ist es normal, sich hilflos
und müde zu fühlen oder das Gefühl zu haben, dass die eigene Situation hoffnungslos ist. In diesem Stadium können Sie zudem
Burnout, Depressionen oder Angstzustände erleben, zusammen
mit einer verminderten Toleranz für bestehenden oder neuen
Stress. Weiterhin ist Ihr Immunsystem zu diesem Zeitpunkt ziemlich geschwächt, sodass Sie anfälliger für stressbedingte Krankheiten sind.

Diese Theorie über Stress und dessen Verlauf wurde aus einem Experiment abgeleitet, bei dem Laborratten verschiedene Organex-
trakte injiziert wurden. Zuerst glaubte man, auf diesem Weg ein
neues Hormon entdeckt zu haben. Jedoch widerlegten die Forscher diese Theorie schnell, nachdem sie das gleiche Ergebnis erhalten hatten, unabhängig davon, wo sie die Substanzen
injizierten. Die Nebennierenrinde ist angeschwollen und es kam
zu einer Funktionseinschränkung der Thymus-, Magen- und
Zwölffingerdarmgeschwüre. Diese Ergebnisse, kombiniert mit den
früheren Beobachtungen, die bei Patienten mit verschiedenen
Krankheiten gemacht wurden, welche die gleichen Symptome
zeigten, führten zu seiner Beschreibung von Stress. Diese Theorie
war auch die erste, welche das Stressbewältigungssystem des Körpers, das Hypothalamus-Hypophysen-Nebennieren-Achse-Sys-
tem (HPA-Achse), beschrieb, über das wir später sprechen
werden.

Felman, der für *Medical News Today* schreibt, sagt, dass Ihr Körper immer dann, wenn Sie sich bedroht fühlen, chemische Stoffe
freisetzt, die es Ihnen ermöglichen, sich vor Verletzungen zu schützen. Diese chemischen Stoffe, wie Cortisol, Adrenalin und Noradrenalin, können Ihre Herzfrequenz erhöhen, Ihren Blutdruck
ansteigen lassen und Sie wacher machen. Wie ich bereits erwähnt
habe, wird diese Reaktion als Ihre *Kampf-oder-Flucht-Reaktion*

bezeichnet und ist überlebenswichtig. Dieser erhöhte Zustand treibt Sie an, die Bedrohung zu bewältigen, und verbessert Ihre Fähigkeit, mit der gefährlichen oder herausfordernden Situation umzugehen. Faktoren, die zu Stress führen können, werden als Stressfaktoren bezeichnet, erklärt das *American Institute of Stress*. Diese Stressfaktoren können u. a. Lärm, beängstigende Momente, Ihren ersten Arbeitstag, Streit mit Ihrem Partner und ein zu schnelles Auto umfassen. Je mehr Stressfaktoren wir ausgesetzt sind, desto mehr sind wir gestresst.

Diese Stressreaktion kann jedoch manchmal zu leicht ausgelöst werden, z. B. wenn wir zu vielen Stressfaktoren auf einmal ausgesetzt sind, wie es im Alltag oftmals der Fall ist. Sobald die Bedrohung oder Veränderung vorüber ist, sollte Ihr Körper in seinen normalen, entspannten Zustand zurückkehren. Leider führen jedoch die ständigen, ununterbrochenen Anforderungen und Komplikationen des modernen Alltagslebens dazu, dass bei manchen Menschen die internen Alarmsysteme nie abgeschaltet werden.

Stress kann für verschiedene Menschen verschiedene Dinge bedeuten. Was für Sie Stress bedeutet, kann für eine andere Person kaum von Bedeutung sein. Wir sind gestresst, wenn die Anforderungen des Lebens zu viel werden und wir uns zu sehr bemühen müssen, mit ihnen zurechtzukommen. Diese Anforderungen können alles sein - von Familie und Finanzen bis hin zu Ihrer Karriere, Ihren Beziehungen oder jeder anderen Situation, die eine echte oder vermeintliche Herausforderung oder Bedrohung für Ihr Wohlbefinden darstellen könnte.

Jeder Mensch geht auch anders mit Stress um. Einige Menschen sind in der Lage, sich mit Druck bestens zu arrangieren, während sich andere wiederum äußerst schnell dem Druck beugen. Wenn wir mit herausfordernden Situationen konfrontiert werden, ist es die Art und Weise, wie wir darauf reagieren, die bestimmt, wie viel Stress wir haben werden und welche Auswirkungen er auf unsere Gesundheit haben wird. Wenn Sie das Gefühl haben, dass Ihnen möglicherweise die Ressourcen fehlen, die zur Lösung Ihrer

Stresssituation erforderlich sind, reagieren Sie vielleicht stärker auf Stress, der schließlich Gesundheitsprobleme auslösen kann, sagt Felman. Haben Sie hingegen das Gefühl, dass Sie über die richtigen Ressourcen verfügen, um mit der Situation umzugehen, ist Ihr Stressniveau wahrscheinlich geringer und Sie haben weniger gesundheitliche Probleme.

Stress muss nicht unbedingt von schlechten Erfahrungen oder Umständen stammen. Wie ich bereits erwähnt habe, können auch positive Erfahrungen, wie die Geburt eines Babys, ein Ausflug mit der Familie, der Umzug in ein größeres, schöneres Haus oder sogar eine Beförderung, Stress verursachen. Das liegt daran, dass es sich um eine große Veränderung handelt, dass zusätzliche Anstrengungen erforderlich sind oder dass ein Ereignis mit neuer Verantwortung einhergeht und eine entsprechende Anpassung erforderlich ist. Sich auf ein unbekanntes Terrain begeben zu müssen und sich zu fragen, wie man damit umgehen soll, kann stressig sein.

Wie ich bereits erwähnt habe, ist nicht jeder Stress schlecht - manchmal ist Stress sogar von Vorteil und kann dazu beitragen, Ihr Leben zu retten oder Ihnen zu besseren Leistungen zu verhelfen. Es ist die anhaltend negative Reaktion auf einen Stressfaktor, die zu Gesundheitsproblemen führt und Ihr Glück beeinträchtigen kann. Wenn Sie sich jedoch Ihrer Stressfaktoren bewusst sind und wissen, wie Sie auf diese reagieren sollten, kann dies dazu beitragen, die negativen Auswirkungen und eventuell auftretende negative Gefühle zu verringern. An dieser Stelle knüpft die Stressbewältigung an. Stressmanagement gibt Ihnen die Hilfsmittel an die Hand, die Sie brauchen, um Ihr internes Alarmsystem zurückzusetzen. Es versetzt Ihren Geist und Ihren Körper in die Lage, sich langfristig an Stressfaktoren anzupassen und widerstandsfähiger gegen deren Auswirkungen zu werden. Ohne diese Hilfsmittel wird Ihr Körper immer in höchster Alarmbereitschaft sein und allmählich Langzeitstress entwickeln, der zu ernsthaften Gesundheitsproblemen führen kann.

Ursachen von Stress

Stress wird zum Teil durch zwei Dinge verursacht, nämlich Stressfaktoren und Ihre Wahrnehmung. Ihre Stressfaktoren zu kennen, hilft Ihnen, Ihren Stress leicht bewältigen zu können. Faktoren oder Situationen, die zu Stress führen, werden als Stressoren bezeichnet, und viele von uns neigen dazu, Stressoren als negativ zu empfinden, wie z. B. ein hektischer Arbeitsplan oder eine problematische Beziehung. Ein Stressfaktor kann jedoch alles sein, was viel von Ihnen verlangt, einschließlich positiver Ereignisse.

Aber nicht alle Stressoren gehen auf äußere Ereignisse zurück. Manchmal kann Stress auch selbst erzeugt werden, z. B. wenn Sie sich über etwas Sorgen machen, bei dem die Wahrscheinlichkeit, dass es passiert oder nicht passiert, 50:50 beträgt - wenn Sie das Unbekannte fürchten, wenn Ihre Überzeugungen infrage gestellt werden oder wenn Sie irrationale, selbstzerstörerische Gedanken über das Leben haben. Dazu kommt die Sorge, dass Sie nie gut genug, nie hübsch genug noch klug genug sein werden etc.

Auch Ihre Wahrnehmung eines Stressfaktors kann zu Stress führen. Wie bereits erwähnt, nehmen Menschen Stress unterschiedlich wahr. Was für Sie ein Stressfaktor darstellt ist für jemand anderen kein Stressor. Beispielsweise macht das Reden in der Öffentlichkeit den meisten von uns Angst, während sich andere nach dem Rampenlicht sehnen. Eine Person könnte unter Druck aufblühen und eine andere könnte zusammenbrechen. Diese verschiedenen Reaktionen sind auf unsere unterschiedliche Wahrnehmung der Situationen zurückzuführen. Andere externe Faktoren, die alles verschlimmern, sind größere Veränderungen in Ihrem Leben oder Ihrer Umgebung, z. B. am Arbeitsplatz, in Ihrem sozialen Umfeld, der Verlust eines geliebten Menschen, Krankheit, familiäre Probleme, Geld- oder Zeitmangel, Probleme bei der Arbeit, Fahren im dichten Verkehr, Unsicherheit oder das Warten auf Ergebnisse usw.

Wie Ihr Körper auf Stress reagiert

Jetzt wissen wir also, dass Stress positiv oder negativ sein kann. Positiver Stress hilft uns, wachsam zu bleiben und Gefahren zu vermeiden. Wenn man aber längerem Stress ausgesetzt ist, kann er sich negativ auswirken. Am Ende ist man überlastet und stressbedingte Spannungen bauen sich im Körper auf. Der Körper verfügt über ein automatisches Stressbewältigungssystem, das einsetzt und physiologische Veränderungen bewirkt, die den Körper in die Lage versetzen, mit Stresssituationen umzugehen. Dieses System wird als Hypothalamus-Hypophysen-Nebennieren-Achsen-System (HPA-Achse) bezeichnet. Dieses HPA-Achsensystem besteht aus einer Reihe komplexer direkter Einflüsse und Rückkopplungsschleifen zwischen Hypothalamus, Hypophyse und Nebennieren.

DeMorrow erläutert in seinem *International Journal of Molecular Sciences 2018*, dass diese drei Organe ein bedeutendes neuroendokrines System bilden, das die Reaktion des Körpers auf Stress kontrolliert, indem es viele der Körperfunktionen reguliert. Dazu gehören die Verdauung, das Immunsystem, die Stimmungen und Emotionen, der Sexualtrieb, die Energiespeicherung und der Energieverbrauch. Es ist der grundlegende Mechanismus für die Interaktionen zwischen Ihren Drüsen, Hormonen und einem Teil Ihres Mittelhirns.

Unser Körper ist dafür gemacht, Stress zu erfahren und darauf zu reagieren. Während einer Stressreaktion erfährt Ihr Körper verschiedene Veränderungen, die alle auf die freigesetzten Chemikalien zurückzuführen sind. Wenn Ihr Körper kurz davor steht, sich etwas Herausforderndem zu stellen oder damit umzugehen, sind einige Ihrer Körperfunktionen, wie die Verdauung oder Ihr Immunsystem, verlangsamt, da sie im Moment nicht sehr nützlich sind. Der ganze Fokus liegt darauf, Ihre Sauerstoffaufnahme und die Durchblutung Ihrer Muskeln, Ihres Gehirnes und der notwendigen Körperteile zu erhöhen und sicherzustellen, dass Ihre Muskeln im Einsatz sind. So atmen Sie schneller, Ihr Blutdruck und Ihre Herzfrequenz sind höher, Ihre Muskeln verkrampfen und Sie geraten in einen Zustand der überdeutlichen Wahrnehmung.

Wenn Sie für längere Zeit unter Stress stehen, kommen Sie in einen Zustand, der als *Notlage* bezeichnet wird. Dieser Begriff beschreibt den Zustand, in welchem Sie sich befinden, sobald Sie eine negative Reaktion auf Stress aufweisen. Stress kann sich auf die inneren Systeme des Körpers auswirken und zu Problemen, wie z. B. zu Kopfschmerzen, Geschwüren, Magenverstimmungen, Bluthochdruck, Verlust des Sexualtriebes, Brustschmerzen und sogar zu Schlafstörungen führen. Dieser negative Stress kann auch ein vorzeitiges Ergrauen der Haare verursachen. Weiterhin kann er zu emotionalen Problemen führen, zu denen Wutausbrüche, Angst, Depressionen, Reizbarkeit, Panikattacken, Unruhe und Traurigkeit gehören.

Sie können auch ein Burnout, ein allgemeines Gefühl des Unbehagens, Konzentrationsprobleme, Müdigkeit, Vergesslichkeit und schlechte Gewohnheiten erleben - manche Menschen kauen an ihren Nägeln, um zu versuchen, die innere Unruhe zu lindern. Stress kann auch zu Verhaltensänderungen hinsichtlich der Nahrungsaufnahme führen, wie z. B. zu Heißhunger, zu viel oder zu wenig zu essen oder den Appetit ganz zu verlieren. Menschen, die unter Stress stehen, neigen auch zum Drogen- und Alkoholmissbrauch, da sie versuchen, einen Ausweg zu finden. Sie neigen dazu, sich sozial zurückzuziehen, für sich zu sein und sich nicht mit der Familie oder den Freunden zu beschäftigen, was sich zu Lasten ihrer Beziehungen auswirken könnte.

Die Forschung hat auch gezeigt, dass Stress bestimmte Krankheiten, wie Herzkrankheiten, Leberzirrhose, Lungenkrankheiten und sogar Selbstmord, hervorrufen oder verschlimmern kann. Diese Erkrankungen können durch die verschiedenen ungesunden Methoden hervorgerufen werden, mit denen wir versuchen, Stress zu bekämpfen, wie z. B. durch den Missbrauch von Alkohol und anderen Drogen. Anstatt den Körper von Stress zu befreien und ihn in einen entspannten Zustand zurückzuführen, bieten diese Substanzen eine vorübergehende Linderung - dennoch bleibt der Körper in einem alarmierten Zustand, was weitere gesundheitliche Probleme verursacht. Dieser Zustand versetzt die Menschen in einen Teufelskreis, der zum Tod führen kann, wenn er nicht gestoppt wird.

Verschiedene Arten von Stress

Unser Körper reagiert auf Stress, je nachdem, ob es sich um neuen oder kurzfristigen Stress (= *akuter Stress*) handelt oder ob er schon länger andauert (= *chronischer Stress)*. Dies sind die beiden Hauptarten von Stress, denen viele von uns ausgesetzt sind. Nachfolgend betrachten wir diese zwei Arten von Stress etwas genauer.

Akuter Stress

Die Website der Mayo-Klinik definiert akuten Stress als vorübergehenden Stress, der schnell verschwindet, und es ist die häufigste Art und Weise, wie jeder Mensch Stress erlebt. Er wird dadurch verursacht, dass man über den Druck von Dingen und Ereignissen nachdenkt, die kürzlich geschehen sind oder die bald geschehen werden. Er wird auch als *Kampf-oder-Flucht-Reaktion* bezeichnet und ist die unmittelbare Reaktion Ihres Körpers auf Stressoren, sei es eine wahrgenommene oder reale Bedrohung, eine Herausforderung oder Angst. Es handelt sich um eine unmittelbare, intensive Reaktion, die manchmal, aufgrund der Freisetzung von Adrenalin, sogar aufregend sein kann. Dies hilft Ihnen, gefährliche oder aufregende Situationen zu bewältigen. Es ist das, was Sie fühlen, wenn Sie auf die Bremse treten, um einen Unfall zu vermeiden oder wenn Sie eine baldige Frist haben. Diese Art von Stress reduziert sich oder endet vollständig, sobald der Stressor aufgelöst ist.

Ein einziger Fall von akutem Stress ist nicht gesundheitsschädlich - er kann sogar vorteilhaft sein und verursacht nicht den gleichen Schaden wie Langzeitstress. Er kann jedoch Verspannungen,

Kopfschmerzen, Magenprobleme, Bluthochdruck und andere milde Gesundheitsprobleme verursachen. Wiederholte Fälle von akutem Stress oder schwerem akuten Stress können psychische Gesundheitsprobleme, wie die *Akute Belastungsstörung (Acute Stress Disorder, ASD)*, verursachen und schließlich zu chronischem Stress führen. Sie können eine akute Belastungsstörung entwickeln, nachdem Sie einem oder mehreren traumatischen Ereignissen ausgesetzt waren. Ein Beispiel für eine lang anhaltende akute Belastungsstörung ist die *Posttraumatische Belastungsstörung (PTSD)*. Symptome der ASD können sich entwickeln, nachdem man traumatische oder beunruhigende Erlebnisse, wie den Tod oder schwere Verletzungen, aus eigener Erfahrung erlebt hat. Diese Symptome können nach dem traumatischen Ereignis beginnen oder sich verschlimmern und zwischen drei Tagen und einem Monat andauern.

Beispiele für Personen, die an ASD leiden könnten, sind Opfer von Autounfällen, Opfer von Überfällen oder Soldaten, die Kriegserfahrungen gemacht haben. Manchmal kann sich daraus sogar ein *Posttraumatisches Stresssyndrom* entwickeln, das länger als das ASD anhält. Es gibt eine andere Form von akutem Stress, die als *Episodischer Akuter Stress* bekannt ist und Menschen betrifft, deren Stressauslöser häufig vorkommen. Wenn Sie beispielsweise zu viele Verpflichtungen und schlechte organisatorische Fähigkeiten haben, kann es vorkommen, dass Sie unter Episodischem Akuten Stress leiden.

Umgang mit akutem Stress

Wenn die Stressreaktion Ihres Körpers durch akuten Stress ausgelöst wird, können Sie die Auswirkungen durch schnelle Entspannungstechniken verringern oder umleiten. Diese Techniken sollen Ihnen helfen, sich schneller zu entspannen, sich weniger gestresst zu fühlen und sich schneller von akutem Stress zu erholen, sodass Sie mit Ihren täglichen Aktivitäten fortfahren können.

Um Ihren akuten Stress zu bewältigen, können Sie Folgendes versuchen:

- Atemübungen, die dazu beitragen, Ihre Herzfrequenz zu senken und Ihre Atmung zu verlangsamen
- Kognitive Umstrukturierungstechniken, die Ihnen helfen, Ihre Sichtweise auf Stresssituationen zu ändern, wie z. B. die kognitive Verhaltenstherapie
- Progressive Muskelentspannungsmethoden, wie das Anspannen und Entspannen verschiedener Muskeln, um Verspannungen zu lösen
- Mini-Meditationen, die Sie beruhigen, zentrieren und Ihnen helfen, sich auf den gegenwärtigen Moment zu konzentrieren

Chronischer Stress

Chronischer Stress ist Stress, der über längere Zeit hinweg auftritt. Er wird als die schädlichste Art von Stress angesehen, weil er uns körperlich, geistig und emotional zermürbt und wir ihn erst dann bemerken, wenn es zu spät ist. Er kann ein Burnout verursachen, wenn er nicht wirksam behandelt wird, da die Stressreaktion ständig ausgelöst wird und Ihr Körper keine Zeit hat, sich zu erholen und zu reparieren, bevor er einer weiteren Stresssituation ausgesetzt wird. Laut den Mitarbeitern der Mayo-Klinik bedeutet das, dass Ihre Stressreaktion auf unbestimmte Zeit ausgelöst wird, sodass Sie sich jederzeit in einem Alarmzustand befinden.

Diese Art von Stress tritt täglich auf, z. B. indem man sich stresst wegen der Finanzen, einer unglücklichen Ehe, einer gestörten Familie oder wegen Problemen am Arbeitsplatz. All diese Stressoren können Ihnen täglich Ärger bereiten, weil Sie kein Ende und keine Flucht vor diesen Stressoren sehen. Irgendwann hören Sie auf, nach Lösungen für diese Probleme zu suchen und akzeptieren Ihr Schicksal.

Chronischer Stress kann weiterhin unbemerkt bleiben, da wir uns an die neuen Emotionen und diesen erhöhten Zustand gewöhnen - im Gegensatz zu akutem Stress, der neu ist und oft eine sofortige Lösung erfordert. Dieser Zustand chronischen Stresses kann Teil Ihrer Persönlichkeit werden, weil Sie sich nie damit auseinandersetzen, wodurch Sie anfälliger für die Auswirkungen von Stress werden, unabhängig von den Situationen, mit denen Sie konfrontiert werden. Menschen mit chronischem Stress brechen mit größerer Wahrscheinlichkeit zusammen und begehen sogar Selbstmord oder Gewalttaten, um zu versuchen, ihren Stress zu bewältigen.

Langfristiger Stress kann Gesundheitsprobleme verursachen, wie Herzkrankheiten, Magen-Darm-Probleme, Panikattacken, Angstzustände, Depressionen und andere medizinische Probleme. Deshalb ist die Bewältigung von chronischem Stress von entscheidender Bedeutung, und es bedarf oft einer Kombination von Kurz- und Langzeittechniken, um diese Art von Stress abzubauen.

Umgang mit chronischem Stress

Im Gegensatz zu akutem Stress verlängert sich die Stressreaktion des Körpers bei chronischem Stress. Daher müssen die Methoden, mit denen er behandelt wird, die Belastung des Körpers verringern und ihm Zeit geben, sich selbst zu heilen, bevor er sich mit mehr Stress auseinandersetzt.

Bei chronischem Stress sollten Sie Folgendes tun:

- Regelmäßig Sport treiben, um Körper und Geist gesund zu halten und auch Wohlfühlhormone zur Bekämpfung der Stresshormone freizusetzen. Sie könnten Yoga, Aerobic, Tai Chi und andere Formen der Bewegung ausprobieren.
- Achten Sie auf eine ausgewogene und gesunde Ernährung, die nicht nur Ihrem Körper Energie zuführt, sondern auch

dazu beiträgt, Ihr Immunsystem zu stärken und Ihr allgemeines Stressniveau zu senken, damit Sie besser funktionieren können.

- Pflegen Sie gesunde Beziehungen zwischen Familie und Freunden, damit Sie Unterstützung bekommen, wann immer Sie welche brauchen.

- Meditieren Sie regelmäßig, um Ihre Widerstandsfähigkeit gegen Stress aufzubauen und auch akuten Stress abzubauen.

- Zudem können Sie auch Musik hören, weil sie die Seele beruhigt, oder mit Ihrem Haustier spielen und es streicheln - das hilft, Wohlfühlhormone freizusetzen und Ihre Stimmung zu verbessern.

- Üben Sie Achtsamkeit und positive Selbstgespräche, um negative, selbstzerstörerische Gedanken und Emotionen fernzuhalten.

Emotionaler Stress ist eine Art von chronischem Stress, der Sie härter treffen kann als andere Arten von Stress. Denken Sie z. B. an den Stress, der entsteht, wenn Sie mit einem geliebten Menschen streiten. Er führt in der Regel zu einer stärkeren körperlichen Reaktion und einem tieferen Gefühl der Bedrängnis als akuter Stress. Er führt oft zu Angst, Ärger, Grübeln und anderen starken emotionalen Reaktionen, die Ihren Körper ziemlich stark belasten können. Um damit umgehen zu können, müssen Sie eine Kombination von Techniken anwenden, die Ihnen helfen, diese emotionalen Stressfaktoren zu verarbeiten und eine emotionale Belastbarkeit gegenüber diesen emotionalen Stressoren zu erlangen.

Um mit emotionalem Stress umzugehen, können Sie es mit Tagebüchern versuchen. Ein Tagebuch ist ein Buch, in dem Sie Ihre Gedanken und Gefühle zu Ereignissen in Ihrem Leben aufschreiben können. Als Stressbewältigungsinstrument sollte es konsequent geführt werden, wobei der Schwerpunkt auf der emotionalen Verarbeitung und der Dankbarkeit liegen sollte. Sie können detailliert über Ereignisse in Ihrem Leben, Ihre Gedanken, Gefühle und

Emotionen schreiben und versuchen Lösungen für das, was Sie bedrückt, zu finden. Für welche Art des Schreibens Sie sich letztlich entscheiden, hängt davon ab, welche Persönlichkeit, wie viel Zeit Sie haben und davon, was Sie für richtig halten.

Diese Strategien helfen Ihnen bei der Bewältigung von chronischem Stress ebenso wie einige der kurzfristigen Stressbewältigungstechniken, die bei akutem Stress eingesetzt werden. Wenn Sie heute damit beginnen, Stressbewältigungstechniken zu praktizieren, werden Ihre Gesundheit, Ihre Beziehungen und Ihre Lebensqualität weniger unter Stress leiden müssen.

KAPITEL 2:

Stress reduzieren und bewältigen

Jetzt, da Sie wissen, was Stress ist, was ihn verursacht, welche Stadien Ihr Körper durchläuft, während er unter Stress steht, und Sie die verschiedenen Arten von Stress kennen, können Sie nun damit beginnen, Wege zu finden, um die verschiedenen Arten von Stress zu reduzieren oder zu bewältigen. Der erste Schritt besteht darin, zu wissen, was die Auslöser sind. Sobald Sie diese identifiziert haben, können Sie leicht feststellen, was Sie kontrollieren können und von dort aus beginnen. Wenn Sie beispielsweise aufgrund von Stress Schlafprobleme haben, versuchen Sie, Ihren Kaffeekonsum zu reduzieren und alle elektronischen Geräte aus Ihrem Schlafzimmer zu entfernen. Dies kann Ihnen helfen, sich vor dem Schlafengehen zu entspannen. Manchmal kann Stress durch die Arbeit oder die Anforderungen eines kranken Angehörigen verursacht werden. In diesen Fällen können Sie Ihre Reaktion auf die Situation ändern.

Methoden zur Stressbewältigung

Laut Scott kann Stress dazu führen, dass Sie in einem schlechten Kreislauf stecken bleiben und die entsprechenden Nervenbahnen in Ihrem Gehirn stärker werden. Dies wiederum macht Sie für Stressoren empfindlich und überschwemmt Ihren Körper mit Cortisol, Adrenalin und anderen Stresshormonen, die er nicht schnell genug verstoffwechseln kann. Was als gelegentliche Stressreaktion gedacht war, entwickelt sich schnell zu einer täglichen Erscheinung und versetzt Ihren Körper in eines der drei zuvor besprochenen Stadien der Stressentwicklung. Diese längere Stressphase kann gravierend nachteilige Auswirkungen auf Ihre körperliche und Ihre geistige Gesundheit haben - wenn keine geeigneten Maßnahmen zur Verringerung der Auswirkungen getroffen werden, kann Stress im schlimmsten Fall sogar zum Tod führen.

Verwendung schneller Stresslöser

Scott berichtet in seinem Artikel „Ein Überblick über die Stressbewältigung" darüber, dass viele verschiedene Methoden eingesetzt werden können, um unterschiedliche Arten von Stress abzubauen. Schauen wir uns einige schnelle Stresslöser an. Diese Methoden oder Techniken werden verwendet, um Stress schnell abzubauen und wirken innerhalb von Minuten. Wenn Ihre Stressreaktion nicht aktiviert wird, können Sie mit Problemen oder Situationen vernünftiger und proaktiver umgehen und es ist unwahrscheinlicher, dass Sie Ihre Beherrschung verlieren. Das kann sich großartig auf Ihre Beziehungen und Interaktionen mit Menschen generell auswirken. Ein schneller Umgang mit Stress kann dazu beitragen, dass seine Auswirkungen verringert werden und verhindert, dass er sich in Langzeitstress verwandelt. Diese Maßnahmen zum schnellen Abbau von Stress stärken vielleicht nicht Ihre Widerstandskraft gegen zukünftigen Stress, aber sie können den Stress, dem Sie jetzt ausgesetzt sind, minimieren und dazu beitragen, Ihren Körper zu beruhigen, nachdem er die Stressreaktion ausgelöst hat.

1. Atmungsübungen

Eine einfache und schnelle Möglichkeit, Ihre Herzfrequenz zu senken und sich zu entspannen, besteht darin, sich auf Ihre Atmung zu konzentrieren. Sobald die Stressreaktion einsetzt, werden in Ihrem Körper Adrenalin und Cortisol freigesetzt, wodurch Sie schneller atmen. Wenn Sie sich jedoch komplett auf Ihre Atmung konzentrieren, kann dies einen großen Unterschied machen und dazu beitragen, Ihr Stressniveau zu senken. Die Zufuhr von Sauerstoff kann dazu beitragen, Ihren Körper und Ihren Geist in sehr kurzer Zeit zu beruhigen.

Atmen Sie tief durch die Nase ein und füllen Sie Ihren Bauch mit Luft. Während Sie einatmen, zählen Sie langsam bis fünf, halten Sie dann den Atem für etwa zwei Sekunden an und atmen Sie langsam durch die Nase oder den Mund aus, während Sie wieder bis fünf zählen. Stellen Sie sich beim Einatmen vor, dass Sie frische, energiereiche Luft einatmen, die sich in Ihrem Körper ausbreitet und die Spannung sowie den Stress beseitigt. Stellen Sie sich beim Ausatmen vor, dass Sie den Stress und die Anspannung ausatmen, die durch die neue, friedliche Luft, die Sie eingeatmet haben, herausgetrieben wurden.

2. Machen Sie einen Spaziergang

Bewegung ist ein weiteres großartiges Mittel zum Stressabbau, das ebenfalls schnell wirken kann. Wenn Sie einen Spaziergang machen, können Sie die Landschaft genießen, den Kopf frei bekommen und zusätzlich von den Vorteilen der Bewegung selbst profitieren. Sie müssen keinen langen Spaziergang machen - selbst kurze Spaziergänge können helfen, Stress abzubauen. Wenn Sie sich also von der Arbeit frustriert fühlen, machen Sie in der Pause einen kurzen Spaziergang im Park, um Geist und Körper zu regenerieren.

3. Progressive Muskelrelaxation (PMR)

Die PMR ist eine wirksame Technik, die hilft, die Spannung des Körpers sowie den psychischen Stress zu reduzieren. Bei dieser Methode werden die verschiedenen Muskeln in Ihrem Körper gruppenweise angespannt und entspannt. Auf diese Weise lösen Sie sowohl physische als auch psychische Spannungen. Die Forschung hat gezeigt, dass diese Methode Ihre Stressreaktivität und Ihre Chancen, chronischen Stress zu erleben, verringert. Sie eignet sich auch hervorragend, um emotionalen Stress zu minimieren und Widerstandskraft gegen Stress aufzubauen.

Wie wird PMR durchgeführt?

- Nehmen Sie sich etwas Zeit und stellen Sie den Alarm so ein, dass Sie sich völlig entspannen können und sich keine Sorgen machen müssen, die Zeit aus den Augen zu verlieren. Suchen Sie sich einen stillen Ort, an dem Sie es bequemer haben, egal ob Sie sitzen, stehen oder liegen wollen. Wenn Sie sich für das Liegen entscheiden, strecken Sie sich aus und lassen Sie Ihrem Körper genügend Freiraum, um die Zirkulation zu erleichtern.

- Beginnen Sie damit, tief einzuatmen und alle Muskeln in Ihrem Gesicht anzuspannen. Versuchen Sie, eine Grimasse zu ziehen, schließen Sie die Augen, beißen Sie die Zähne zusammen und halten Sie diese Position etwa fünf bis zehn Sekunden lang, während Sie tief einatmen.

- Atmen Sie nun aus und entspannen Sie Ihre Gesichtsmuskulatur. Während Sie dies tun, werden Sie spüren, wie die gesamte Spannung aus Ihren Gesichtsmuskeln herausfließt. Nehmen Sie sich etwas Zeit, um das Gefühl zu genießen, bevor Sie zum nächsten Schritt übergehen.

- Nun gehen Sie zu Ihrem Nacken über. Fahren Sie so fort, bis Sie zu Ihren Zehen gelangen, und wiederholen Sie dies, wenn nötig, bis Sie das Gefühl haben, dass alle Verspannungen verschwunden sind. Wenn Sie fertig sind, sollten Sie pure Entspannung in Ihrem Körper verspüren. Während Sie Ihre verschiedenen Muskeln anspannen und entspannen können, ist es auch möglich, direkt Ihren ganzen Körper anzuspannen, wodurch er sich insgesamt schnell entspannt. Mit etwas Übung können Sie erkennen, wo in Ihren Muskeln Verspannungen oder Spannungen vorhanden sind, sich darauf konzentrieren und sich mehr entspannen. Dies kann dann zu Ihrer Methode werden, um Stresssituationen, insbesondere solche, die mit körperlicher Anspannung verbunden sind, zu bewältigen.

4. Imaginative Psychotherapie

Imaginative Psychotherapie ist eine Methode zum Stressabbau, bei der Sie sich selbst an Ihrem glücklichsten Ort vorstellen - sei es am Strand, in einem Spa, wo Sie verwöhnt werden, oder in Ihrem Lieblingsrestaurant. Diese Bilder ermöglichen es Ihnen, sich mit all Ihren Emotionen und Gedanken in einen lebhaften Tagtraum zu versetzen. Was imaginative Psychotherapie zu einer großartigen Technik macht, ist die Tatsache, dass sie überall durchgeführt werden kann - sie ist kostenlos, man braucht sehr wenig, um sie zu beherrschen, und sie bietet sofortige Erleichterung.

Es gibt verschiedene Möglichkeiten, wie Sie mit Imaginativer Psychotherapie Stress abbauen können. Sie können sich von einem Trainer durch Audio- oder Videoaufnahmen führen lassen, oder Sie erstellen Ihre eigenen visuellen Aufnahmen und lassen sich von Ihrer inneren Stimme leiten. Imaginative Psychotherapie bietet Entspannung, Einblicke in Ihr Unterbewusstsein und unterstützt Sie dabei, stressfrei zu sein und eine positive Denkweise zu haben. Sie kann eine nützliche Methode sein, um wiederkehrende Denkmuster zu unterbrechen und Ihre Stressresistenz aufzubauen.

5. Aromatherapie

Die Aromatherapie wurde im Laufe der Jahre als eine Form der Stressminderung eingesetzt. Das Einatmen therapeutischer Aromen kann Ihnen helfen, Energie zu gewinnen, zu entspannen und sich zu zentrieren. Es hat sich auch gezeigt, dass sie die Hirnströme verändern, sodass Sie in tiefere Entspannungszustände eintreten und gleichzeitig Stresshormone im Körper abbauen. Die Aromatherapie wird in Spas und anderen Orten der Entspannung eingesetzt, weil sie den Körper beruhigt und hilft, Spannungen abzubauen.

6. Eine Umarmung

Körperliche Berührung durch einen geliebten Menschen kann helfen, Stress schnell abzubauen. Eine Umarmung ist ein einfacher Weg, um die Produktion von Oxytocin, dem Kuschelhormon, freizusetzen, das die Produktion des Stresshormones Noradrenalin unterdrückt, den Blutdruck senkt und dafür sorgt, dass Sie sich gut fühlen. Oxytocin führt zu einem höheren Glücksempfinden und fördert den Stressabbau.

7. Weniger Koffein

Koffein ist ein Genussmittel, das in Kaffee, Tee, Schokolade und Energiegetränken enthalten ist. In niedriger Dosierung kann es zur Stimulierung des Körpers und zur Steigerung der Wachsamkeit verwendet werden. In höheren Mengen kann es jedoch zu Schlaflosigkeit und Angstzuständen führen. Jeder Mensch hat eine andere Koffein-Toleranzschwelle. Wenn Sie feststellen, dass Sie nervös werden, wenn Sie koffeinhaltige Getränke trinken, sollten Sie in Betracht ziehen, diese zu reduzieren. Wenn Sie Schlafprobleme haben, sollten Sie nachmittags keine koffeinhaltigen Getränke zu sich nehmen, damit das Koffein, das Sie Ihrem Körper zuvor zugeführt haben, bis zum Schlafengehen vollständig wieder ausgeschieden ist.

8. Lachen

„Der Arzt sagte, ich solle mich mehr bewegen, um meinen Stress abzubauen, also beschloss ich, mit dem Laufen anzufangen. Ich bin jetzt irgendwo in Chile und brauche eine Mitfahrgelegenheit nach Hause." Ein gutes herzhaftes Lachen baut nicht nur Stress ab, sondern hilft auch, Spannungen im Körper lösen und andere körperliche und emotionale Veränderungen freizusetzen. Es stärkt Ihr Immunsystem, lindert Schmerzen, hebt Ihre Stimmung und schützt Sie vor den schädlichen Auswirkungen von Stress. Lachen bringt Ihren Geist in den gegenwärtigen Moment zurück und lenkt Sie von belastenden Gedanken ab. Humor kann Ihnen helfen, sich mit anderen zu verbinden, konzentriert zu bleiben, Ärger und

Angst loszulassen und wachsam zu bleiben. Lachen lässt Sie zugänglicher erscheinen und fördert so Ihre emotionalen Beziehungen, was Ihre emotionale Gesundheit unterstützt.

Diese Techniken funktionieren großartig, besonders wenn Sie sich mitten in einer stressigen Situation befinden und schnelle Linderung brauchen.

Stressmindernde Gewohnheiten entwickeln

Zwar sind einfache Techniken zur Entlastung von Stress manchmal nützlich, aber sie können im Umgang mit Stress, insbesondere bei langfristiger Belastung, nicht ausreichend behilflich sein. Da Stress ein Gemütszustand ist, der durch äußere oder innere Faktoren verursacht wird, ist es sehr wichtig, dass Sie langfristig gesunde Gewohnheiten entwickeln, die Stress bekämpfen und Ihnen helfen, Widerstandsfähigkeit gegenüber Stressfaktoren im Alltag aufzubauen. Da Sie nicht allen Stressfaktoren in Ihrem Leben ausweichen können, müssen Sie lernen, wie Sie Ihre Reaktion auf sie verändern können.

1. Meditation

Meditation ist ein großartiges Mittel zum Stressabbau. Sie funktioniert sowohl bei kurz- als auch bei langfristigem Stress und es gibt viele wirksame Arten von Meditationstechniken. Sie können ein Mantra entwickeln oder einen Satz, den Sie in Gedanken oder laut wiederholen, wann immer Sie tiefe, entspannende Atemzüge brauchen. Achtsame Meditation kann sich auch als hilfreich erweisen, wenn man sowohl mit akutem als auch mit chronischem Stress zu kämpfen hat. Dazu gehört, sich Zeit zu nehmen, um im Hier und Jetzt zu sein, Ihre Gedanken zu erkennen und sie nicht zu verurteilen, sowie darauf zu achten, was Sie sehen, hören, riechen, schmecken und berühren. Wenn Sie sich auf die Gegenwart konzentrieren, werden Sie nicht mehr in der Lage sein, sich Sorgen zu machen oder über Dinge nachzudenken, die bereits geschehen sind oder geschehen könnten.

Meditation und Achtsamkeit erfordern Übung, um sie zu meistern. Sie können sich sehr positiv auf Ihr allgemeines Stressniveau auswirken. Viele Menschen versuchen jedoch nicht zu meditieren, weil sie denken, dass es schwer ist oder dass Sie lange Sitzungen brauchen, damit es effektiv ist. Das ist aber nicht richtig. Sie können für eine beliebige Dauer meditieren und trotzdem die stressmindernden Vorteile der Meditation nutzen.

Für eine schnelle Meditation können Sie eine Zeit festlegen, sodass Sie sich entspannen können, ohne sich Sorgen machen zu müssen, dass Sie zu lange meditieren und Termine verpassen. Entspannen Sie sich, schließen Sie die Augen und atmen Sie ein paar Mal tief ein, füllen Sie Ihren Bauch mit Luft und atmen Sie aus, um die Anspannung zu lösen. Befreien Sie Ihren Geist von allen Gedanken und Gefühlen und konzentrieren Sie sich darauf, über nichts nachzudenken, oder konzentrieren Sie sich darauf, einfach nur zu sein. Wenn Ihnen zufällige Gedanken in den Sinn kommen, nehmen Sie diese an, lassen Sie sie los und kehren Sie zu Ihrem gegenwärtigen Zustand zurück. Diese Neuausrichtung des Geistes und seine Rückführung in den gegenwärtigen Augenblick ist es, worauf es bei der Meditation ankommt. Fahren Sie für die von Ihnen festgelegte Dauer fort, ob es nun fünf, zehn oder sogar zwanzig Minuten sind, und Sie werden erfrischt und entspannt in Ihren Alltag zurückkehren.

- Während der Meditation sollten Sie ein paar Tipps beachten. Achten Sie darauf, dass Sie sich wohlfühlen, denn kleine Unannehmlichkeiten können Sie von Ihrer Meditation ablenken.

- Versteifen Sie sich nicht zu sehr darauf, es richtig zu machen, da dies Ihre Meditation noch anstrengender machen kann. Lassen Sie stattdessen Ihre Gedanken in Ihren Geist eindringen, aber konzentrieren Sie sich darauf, Ihre Aufmerksamkeit auf den gegenwärtigen Moment umzulenken, anstatt auf diesen Gedanken zu verweilen.

- Sie können beruhigende Musik abspielen oder Aromatherapie anwenden, um Ihre Meditation zu verbessern. Dies ist jedoch optional. Sie brauchen keine Hilfsmittel - Stille funktioniert genauso gut.

- Versuchen Sie abwechselnd kurze und lange Meditationssitzungen. Sie können jeden Tag etwa zehn bis zwanzig Minuten und einige Male pro Woche in längeren Sitzungen meditieren, die dreißig Minuten oder länger dauern. Das wird Ihnen helfen, Ihre Meditationstechniken zu verbessern und Ihre Widerstandsfähigkeit gegen Stress zu erhöhen.

2. Achtsamkeit üben

Achtsamkeit wird definiert als die Praxis, sich seiner Gedanken, Gefühle und Umgebung im gegenwärtigen Moment bewusster zu sein. Sie nehmen alles wahr, ohne Ihre Gedanken, Gefühle oder das, was in Ihrer Umgebung vor sich geht, zu beurteilen. Sie sind präsent, nicht in der Vergangenheit, und machen sich auch keine Gedanken über die Zukunft. Dazu gehört, dass Sie sich Ihrer Sinne bewusst werden, Ihren Atem wahrnehmen, die verschiedenen Empfindungen in Ihrem Körper spüren und im gegenwärtigen Moment präsent sind.

Sie können Achtsamkeit durch Meditation gewinnen und sie in Ihrem täglichen Leben praktizieren. Die Vorteile der Entwicklung von Achtsamkeit sind denen der Meditation ähnlich und es hat sich gezeigt, dass sie bei Erkrankungen, wie Angstzuständen und Depressionen, wirksam ist. Achtsamkeit reduziert Stress, indem das Überdenken gestoppt wird. Sie hält Menschen davon ab, sich mit negativen oder selbstzerstörerischen Gedanken aufzuhalten. In Kombination mit kognitiven Therapietechniken hat sich Achtsamkeit bei der Reduzierung und Bewältigung von Stress, Schlafstörungen, Panikattacken und sogar Belastungsstörungen als vorteilhaft erwiesen.

3. Regelmäßige Bewegung

Die Vorteile regelmäßiger Bewegung sind allgemein bekannt. Die psychologischen Vorteile werden jedoch oft übersehen. Körperliche Betätigung ist ein großartiger Stimmungsaufheller und stärkt zugleich das Selbstbewusstsein. Bewegung ermöglicht es Ihnen, sich sozialer zu verhalten, während es Ihnen gleichzeitig positive Ablenkung bietet, vor allem für Ihren Geist. Bewegung kann Depressionssymptome, Müdigkeit, Anspannung, Wut und Antriebslosigkeit lindern. Zudem ist Bewegung eine großartige Möglichkeit, angestaute Energie freizusetzen sowie Sorgen und Angst zu vermindern. Sie reduziert die Reaktion Ihres Körpers auf Angst sowie die Häufigkeit und Intensität von Panikattacken. Das liegt daran, dass sie den Stresshormonspiegel senkt und stattdessen Wohlfühlhormone freisetzt. Es gibt verschiedene Arten von Übungen, die Ihnen helfen können, mit Stress umzugehen, wie z. B. Yoga, Aerobic, Tai Chi, Boxen usw.

4. Gesunde Ernährung

Die Beibehaltung einer gesunden Ernährung hat viel mehr Vorteile, als nur Ihren Körper mit Energie zu versorgen. Eine gute Ernährung kann Ihnen helfen, Ihr Immunsystem aufrechtzuerhalten, Krankheiten vorzubeugen, Ihnen einen Energieschub zu geben und sie kann sogar dazu beitragen, Ihre Stimmung zu heben. Wenn wir gestresst sind, neigen wir dazu, Mahlzeiten auszulassen, kompensieren dies durch ungesunde Snacks und nehmen im Allgemeinen schlechte Essgewohnheiten an, da Stress auch Ihren Appetit beeinträchtigen kann. Essen kann auch als Bewältigungsmechanismus gegen Stress genutzt werden und eine Gewichtszunahme auslösen, die wiederum zu anderen Problemen führen kann. Indem Sie sich mithilfe eines Ernährungsplanes gesund ernähren, geben Sie Ihrem Körper die Energie, die er braucht, um Stress zu bekämpfen. Achten Sie darauf, dass Sie frühstücken, gesunde Snacks zu sich nehmen, falls Sie Hunger haben und Ihre Koffeinzufuhr reduzieren, da Koffein Ihr

Schlafverhalten stören kann. Entfernen Sie zudem alle schlechten, ungesunden Nahrungsmittel aus Ihrem Haushalt.

5. Unterstützende Beziehungen

Ein starkes Unterstützungssystem ist ein wichtiger Stressbewältigungsmechanismus. Wann immer Sie sich überfordert fühlen, kann Ihnen das Gespräch mit jemandem, entweder mit einem Familienmitglied oder einem vertrauten Freund, helfen, mit Ihrem Stress besser umzugehen. Diese Unterstützungssysteme bieten verschiedene Arten von sozialer Unterstützung, wie z. B. emotionale Unterstützung, die durch Umarmungen, Zuhören und Einfühlungsvermögen zum Ausdruck kommt. Wertschätzung oder moralische Unterstützung wird durch den Ausdruck von Ermutigung und Vertrauen gezeigt. Beispielsweise kann Ihre Selbsthilfegruppe auf Ihre Qualitäten und Stärken hinweisen und Sie wissen lassen, dass deren Mitglieder an Sie glauben. Das stärkt Ihr Selbstvertrauen, weil Sie letztlich mehr an sich selbst glauben.

Eine andere Art der sozialen Unterstützung, die Sie erhalten können, ist die Informationsunterstützung, bei der Sie Ratschläge erhalten und Informationen austauschen können. Diese helfen Ihnen, zu verstehen, welche Schritte Sie im Umgang mit einer bestimmten Art von Stress unternehmen müssen. Sie können auch konkrete Unterstützung erhalten, bei der jemand anderes Ihre Verantwortung übernimmt, damit Sie Ihr Problem lösen können. Sie kann auch dadurch gezeigt werden, dass jemand eine unterstützende Haltung zu Ihnen einnimmt und Ihnen aktiv bei der Bewältigung Ihrer Probleme hilft. Ein Beispiel für eine konkrete Unterstützung wäre, dass Ihnen jemand ein Mittag- oder Abendessen bringt, wenn Sie krank sind.

6. Nehmen Sie sich eine Auszeit

Wenn Sie sich eine Auszeit nehmen, trennen Sie sich auch von der Technik. Auch wenn eine vollständige Trennung von der Technik vielleicht nicht möglich ist, versuchen Sie doch, tagsüber und eine

Stunde vor dem Schlafengehen eine Auszeit von Ihren elektronischen Geräten zu nehmen. Den ganzen Tag auf die Bildschirme zu schauen, kann Ihren Tagesrhythmus durcheinander bringen und Ihnen den Schlaf erschweren. Dieses gestörte Schlafmuster kann die Stresssymptome und deren Auswirkungen verschlimmern.

7. Beseitigung von Stressoren

Stressoren sind überall, sowohl innerlich als auch äußerlich, und obwohl es unmöglich ist, sie vollständig zu eliminieren, können Sie die größten Stressoren in Ihrem Leben beseitigen. Wenn Sie sich beispielsweise aus einer schlechten Ehe oder Beziehung herauslösen können, kann dies Ihren allgemeinen Stress verringern und Ihnen helfen, mit anderen Bereichen in Ihrem Leben, die Sie möglicherweise belasten, wie z. B. der Arbeit, effektiv umzugehen. In Bereichen, in denen Sie den Stressfaktor nicht beseitigen können, versuchen Sie, ihn auf ein überschaubares Maß zu reduzieren. Wenn Ihre Arbeit vielleicht sehr anspruchsvoll ist und dies ein stressiges Umfeld für Sie schafft, versuchen Sie, einen Teil der Arbeitsbelastung zu delegieren oder sich für eine andere, weniger anspruchsvolle Position zu bewerben. Auf diese Weise können Sie Ihren Stress reduzieren, weil Sie nicht so überfordert oder überlastet sind.

8. Versuchen Sie eine kognitive Verhaltenstherapie

Laut *Psychcentral* ist die kognitive Verhaltenstherapie (*Cognitive Behavioral Therapy, CBT*) eine Art der psychotherapeutischen Behandlung, die darauf abzielt, Ihre Reaktionen, Denkmuster, Emotionen, Verhaltensweisen und Gewohnheiten gegenüber Stressoren zu verändern. Es handelt sich um eine kurzfristige Therapieform, die auf aktuelle Themen, wie z. B. Stress, ausgerichtet ist und auf der Ansicht beruht, dass die Art und Weise, wie eine Person denkt und fühlt, ihr Verhalten beeinflusst. Das Ziel der CBT ist es, Probleme, wie z. B. ASD, zu lösen, indem die Denkweise und die Gefühle verändert werden, sodass die Art und Weise der Reaktion verändert wird. Die kognitive Verhaltenstherapie soll nicht nur helfen, die Symptome von akutem Stress zu lindern, sondern sie kann auch verhindern, dass Sie eine PTBS entwickeln.

Während der CBT-Sitzungen lernen Sie, wie Sie die schmerzhaften oder beunruhigenden Gedanken identifizieren können, die Ihre Stressreaktion auslösen, und wie Sie bestimmen, ob diese realistisch sind oder nicht. Wenn sie als unrealistisch erachtet werden, werden Ihnen Techniken beigebracht, die Ihnen helfen sollen, Ihre Denk- und Gefühlsmuster zu ändern, damit Sie logischer denken und auf eine Situation besser reagieren können.

Zu den weiteren Gewohnheiten, die Sie sich aneignen können, gehören Musik hören, lernen, „Nein!" zu sagen, Tagebücher zu führen, guter Schlaf, das Beste aus Ihrer Freizeit zu machen und vieles mehr.

Sie müssen verstehen, dass es unmöglich ist, Stress vollständig aus Ihrem Leben zu entfernen. Durch kontinuierliche Stressbewältigung und die Beachtung von Stressoren in Ihrem Leben können Sie jedoch einigen der negativen Auswirkungen von Stress entgegenwirken und Ihre Fähigkeit zur Bewältigung von eventuell auftretenden Herausforderungen verbessern. Es gibt kein allgemeingültiges Konzept, um Stress abzubauen. Welcher Ansatz für Sie funktioniert, funktioniert vielleicht bei jemand anderem nicht. Nehmen Sie sich also Zeit, um die richtige Kombination von Methoden zu finden, die für Sie passend ist.

KAPITEL 3

Die Stressoren in Ihrem Leben identifizieren

Ein effektiver Umgang mit Stress beginnt damit, dass Sie zunächst einmal herausfinden, was Sie stresst und anschließend Strategien entwickeln, um damit umzugehen. Die Mayo-Klinik erklärt, dass das Wissen, was Ihren Stress verursacht, der erste Schritt zu einem gesünderen, weniger stressigen Leben ist. Stressoren oder stressauslösende Faktoren sind die Dinge, die Ihre Stressreaktion auslösen. Sie zu identifizieren klingt ziemlich einfach, aber manchmal ist es schwieriger, als es sich anhört. Bei akutem Stress ist es leicht, Stressfaktoren, wie z. B. ein Vorstellungsgespräch, eine Scheidung oder einen der vielen Gründe zu identifizieren, die kurzfristigen Stress verursachen. Bei chronischem Stress kann es jedoch sehr viel komplizierter werden. Anfangs ist es manchmal schwierig, zu sagen, dass Sie möglicherweise chronischen Stress haben, bis es vielleicht zu spät ist und Sie bereits unter den negativen Auswirkungen leiden. Wir übersehen auch leicht unsere Gedanken, Emotionen, Verhaltensweisen und Gewohnheiten, die zu unserem allgemeinen Stressniveau beitragen.

In manchen Fällen sind Sie sich sicherlich der Dinge bewusst, über die Sie sich Sorgen machen, wenn Sie z. B. Arbeits- oder Abgabefristen haben. Vielleicht ist es aber Ihre Gewohnheit, Dinge hinauszuzögern, die Ihren Stress tatsächlich verursacht - und nicht die Anforderungen der Arbeit selbst. Um Ihre Stressoren wirklich zu identifizieren, müssen Sie Ihre Gedanken, Gewohnheiten, Einstellungen und Verhaltensweisen gründlich untersuchen.

- Finden Sie, dass Sie sich Ihren Stress gar nicht eingestehen wollen? Können Sie sich daran erinnern, wann Sie sich das letzte Mal entspannt haben? „Ich habe im Moment einfach so viel Arbeit zu erledigen."

- Beschreiben Sie Stress als einen wesentlichen Bestandteil Ihres Privat- oder Arbeitslebens? „Bei der Arbeit geht es immer hektisch zu." Oder definieren Sie mit Stress Ihre Persönlichkeit? „Ich habe zu viel Energie. Ich bin so aufgedreht, das ist alles."

- Sind Umstände oder andere Menschen für Ihren Stress verantwortlich? „Mein Chef überanstrengt mich." Oder betrachten Sie es als ein normales Ereignis? „Das ist nichts Neues - die Arbeit hier ist ziemlich anstrengend, aber ich bin daran gewöhnt."

- Kommt Ihnen irgendwas davon bekannt vor? Solange Sie die Rolle, die Sie bei der Schaffung und Aufrechterhaltung Ihres Stressniveaus spielen, nicht akzeptieren, wird es immer außerhalb Ihrer Kontrolle liegen.

Olpin und Hesson erklären in ihrem Buch „Stressbewältigung in Ihrem Leben", dass Stressoren in zwei große Gruppen eingeteilt werden können, nämlich in externe und interne Stressoren. Externe Stressoren sind Ereignisse oder Dinge, die Ihnen widerfahren, wie z. B. traumatische Ereignisse, Stress am Arbeitsplatz, Umweltfaktoren usw. Interne Stressfaktoren hingegen sind die Stressoren, die selbst verursacht werden. Dazu gehören Gedanken und Gefühle, die Ihnen in den Sinn kommen und Ihnen Sorgen bereiten. Zu diesen internen Stressoren können Ihre Ängste, Besorgnis und mangelnde Kontrolle gehören. Wir können die Stressoren auch in kleinere Gruppen aufteilen, was dazu beitragen kann, die stressauslösenden Faktoren in Ihrem Leben einzugrenzen.

1. Emotionale Stressoren

Diese Stressauslöser können auch als interne Stressoren bezeichnet werden, da sie selbst induziert sind. Sie können Ängste und Befürchtungen über unbekannte Situationen beinhalten, wie z. B. die Sorge, welchen Eindruck Sie an Ihrem ersten Arbeitstag oder bei ihrer Verabredung machen werden, oder bestimmte Persönlichkeitsmerkmale, die Sie möglicherweise haben, wie Perfektionismus, Pessimismus, Hoffnungslosigkeit, Misstrauen oder Paranoia gegenüber Menschen usw. Diese internen Stressfaktoren können Ihre Denkweise, Ihre Selbstwahrnehmung und die Wahrnehmung, die Sie von anderen haben, beeinflussen. Diese Stressfaktoren sind sehr individualistisch und auch die Art und Weise, wie sie sich auf Menschen auswirken, ist von Mensch zu Mensch unterschiedlich.

2. Stressoren in der Familie

Zu diesen Stressoren gehören Veränderungen, die in Ihrem Familienleben auftreten, wie z. B. eine Veränderung Ihres Beziehungsstatus, ein Streit mit einem Familienmitglied oder Kind, die Geburt eines Kindes, die Heirat, das „Empty-Nest-Syndrom" (das auftritt, wenn Ihre Kinder erwachsen werden und aus dem Haus ausziehen), finanzielle Probleme usw.

3. Soziale Stressoren

Diese Stressoren treten immer dann auf, wenn Sie mit anderen interagieren. Sie können nervös sein wegen einer bevorstehenden Verabredung, der Teilnahme an einer Party oder an einem geselligen Beisammensein oder der öffentlichen Ansprache von Menschen. Ähnlich wie emotionale Stressoren sind auch soziale Stressoren individualisiert. Sie lieben es möglicherweise, in der Öffentlichkeit zu sprechen, aber der bloße Gedanke, Menschen anzusprechen, kann bei Ihrem Klassenkameraden dazu führen, dass er erstarrt oder einen Hautausschlag bekommt.

4. Stressoren durch Veränderung

Das sind die belastenden Gefühle, die Sie bekommen, wenn es darum geht, mit wichtigen Veränderungen in Ihrem Leben umzugehen. Die Veränderungen können entweder positiv sein, wie z. B. zu heiraten, in ein größeres Haus umzuziehen oder ein Kind zu bekommen, oder negativ, wie z. B. der Tod eines

Familienmitgliedes, eine Trennung, eine Scheidung oder entlassen zu werden.

5. Stressoren am Arbeitsplatz

Diese Auslöser werden durch die Anforderungen Ihres Arbeitsplatzes, ob zu Hause oder im Büro, oder durch Ihre Karriere verursacht. Diese umfassen u. a. das Einhalten von Terminen, einen unberechenbaren Chef oder, wenn Sie von zu Hause aus arbeiten, große familiäre Anforderungen, die Ihre Arbeit unterbrechen.

6. Chemische Stressoren

Dazu gehören alle Drogen, wie Alkohol, Koffein, Nikotin oder Pillen, die Sie möglicherweise in übermäßigen Mengen einnehmen, um Ihren chronischen Stress bewältigen zu können. In den meisten Fällen verschlechtern diese chemischen Stressoren die Stressreaktion.

7. Physische Stressoren

Dazu gehören alle Aktivitäten, die Ihren Körper überanstrengen oder belasten könnten, wie z. B. Schlaflosigkeit, mangelnde oder ungesunde Ernährung, zu langes Stehen oder in einer unbequemen Position zu verharren, zu viel Bewegung, Schwangerschaft, Krankheit etc.

8. Entscheidungs- und Phobie-Stressoren

Entscheidungs-Stressfaktoren sind alle Entscheidungsinstanzen, die Stress verursachen könnten, wie z. B. die Wahl des Lebenspartners, die Entscheidung für ein Kind, die Berufswahl usw. Zu den Phobie-Stressoren gehören alle Situationen, in die Sie sich selbst bringen könnten und vor denen Sie sich sehr fürchten, z. B. zu fliegen, sich in engen Räumen aufzuhalten, sich schmutzig zu machen usw.

Andere Stressor-Kategorien umfassen Krankheitsstressoren, Schmerzstressoren und Umweltstressoren. Wie Sie sehen, gibt es verschiedene Arten von Stressoren, die bei Ihnen eine Stressreaktion auslösen könnten. Führen Sie anhand dieser Liste von Stressor-Kategorien alle Stressoren in Ihrem Leben auf und notieren Sie, wo Ihre Haupt-Stressoren liegen. Vielleicht stellen Sie fest, dass einige Ihrer Stressoren in mehrere Kategorien fallen.

Schauen Sie sich diese Liste genau an und entscheiden Sie, welche Stressoren Sie kontrollieren können und welche nicht. Wenn es Ihre Freizeit beeinträchtigt, an Ihrem freien Tag Ihre ganze Wohnung putzen zu müssen, sollten Sie es in Erwägung ziehen, etwas Geld zu sparen, um einen Reinigungsdienst zu beauftragen. Wenn das Bügeln Ihrer Kleidung dazu führt, dass Sie zu spät ins Bett gehen, sollten Sie darüber nachdenken, Ihre Kleidung in die Reinigung zu bringen oder knitterfreie Kleidung zu kaufen. Wenn Ihnen diese Lösungen etwas kostspielig erscheinen, versuchen Sie, Ihr monatliches Budget umzugestalten und Geld für diese Dienstleistungen bereitzustellen, damit Sie mehr Zeit zum Ausruhen haben, denn auch Ihre Zeit ist wertvoll.

Wie ich bereits gesagt habe, können Sie Stressoren nicht vollständig eliminieren, sondern nur ihre Stärke oder Intensität verringern. Wenn Ihr Arbeitsplatz vielleicht zu laut ist, besorgen Sie sich Ohrstöpsel, um die Lautstärke zu reduzieren und Ihre Konzentration zu verbessern. Wenn Sie zwei Stunden im Stau zur Arbeit fahren müssen, sollten Sie Fahrgemeinschaften bilden, die Nutzung öffentlicher Verkehrsmittel in Betracht ziehen oder ein Buch oder etwas Musik für den Weg zur Arbeit mitnehmen.

Beginnen Sie mit dem Führen von Tagebüchern

Ich habe bereits ein wenig über das Führen von Tagebüchern gesprochen. Ein Tagebuch ist eine einfache Art und Weise, eine Beziehung mit Ihrem Verstand aufzubauen. Zum Protokollieren muss die linke Seite des Gehirnes benutzt werden, die die analytische und rationale Seite ist. Während Ihre linke Seite damit beschäftigt ist, aufzuschreiben, was passiert ist, kann sich Ihre rechte

Seite, die auch Ihre kreative Seite ist, frei entfalten. Indem Sie Ihrer kreativen Seite erlauben, sich zu entfalten, können Sie Wege finden, mit Ihren Themen umzugehen, was Ihr tägliches Wohlbefinden verbessert.

Das Führen eines Tagebuches kann Ihnen dabei helfen, die Stressoren in Ihrem Leben zu identifizieren und letztlich auch dabei, Ihren Stress zu bewältigen. Indem Sie Ihre Wahrnehmungen und Emotionen aufschreiben, können Sie erkennen, wann Sie sich durch etwas überfordert oder gestresst fühlen. Zudem kann Ihnen das Führen eines Tagebuches auch helfen, versteckte oder potenzielle Stressoren zu erkennen, die Sie vielleicht übersehen und die zu Ihrem chronischen Stress beitragen. Es gibt die Theorie, dass das Schreiben die psychische Gesundheit fördert, indem es uns dazu bewegt, mit gehemmten Emotionen umzugehen und so Stress abzubauen. Es hilft uns, schwierige Situationen und Ereignisse zu verarbeiten und eine zusammenhängende Geschichte über das Geschehene zu verfassen, z. B. über einen Unfall oder andere traumatische Ereignisse. Wir sind in der Lage, traumatische Erinnerungen besser zu verarbeiten, indem wir sie wiederholt hervorrufen. Sobald wir uns dieser bewusst sind, können wir beginnen, an ihrer Beseitigung zu arbeiten.

Das Führen von Tagebüchern hat enorme Vorteile. Für einige ist es eine Möglichkeit, die Nahrungsaufnahme zu kontrollieren, wenn man Gewicht verlieren möchte. Andere verwenden sie als historische Darstellung oder Aufzeichnung ihres Lebens, die sie mit anderen teilen können. Andere wiederum verwenden sie als Mittel zur Bewältigung ihrer depressiven Stimmungen. Neben dem Aufzeichnen aus verschiedenen Gründen, reduziert das Schreiben Ihren Stress erheblich. Es organisiert Ihre Gedanken, sobald Sie diese niederschreiben, und ermöglicht es Ihnen, mit verborgenen Gefühlen umzugehen, von denen Sie sich nicht einmal bewusst waren, dass Sie sie hatten.

Das Führen von Tagebüchern befreit Ihren Geist von Gedanken, die Sie möglicherweise bedrücken oder überwältigen. Wenn Sie Ihre Gedanken aufschreiben, erlösen Sie Ihren Geist im Wesentlichen von all dem Durcheinander, das Sie in Ihrem Gehirn gespeichert haben. Sie können filtern, was wichtig ist und was Sie ignorieren und nicht mehr beachten werden. Das Schreiben hilft Ihnen auch, die negativen, selbstzerstörerischen Gedanken loszuwerden, die Sie haben. Studien im *Psychological Science Journal* haben gezeigt, dass das Aufschreiben Ihrer Gedanken und das Wegwerfen des Papieres, auf das Sie sie geschrieben haben, ein wirksames Mittel ist, den Kopf frei zu bekommen. Diese Theorie wurde an einigen Studenten getestet, die unter einem negativen Selbstbild litten. Es wurde festgestellt, dass sich die Studierenden, die ihre Gedanken aufgeschrieben und das Papier weggeworfen haben, von diesen negativen Gedanken lösen konnten. Der physische Akt des Wegwerfens des Papieres, das die Gedanken enthielt, war ein symbolischer Akt, diese schlechten Gedanken zu missachten und so ihren Kopf von ihnen zu befreien. Das kann auch bei Ihnen funktionieren und Ihnen helfen, sich besser zu fühlen und mit Ihren Problemen umzugehen, sobald Ihr Verstand klarer wird.

Das Führen von Tagebüchern erleichtert die Problemlösung. Da es dazu beiträgt, Ihren Geist zu klären, können Sie jedes Problem, mit dem Sie konfrontiert sind, mit einem klaren, ausgeglichenen Geist angehen. Indem Sie Ihre Probleme, oder was auch immer Sie belastet, aufschreiben, können Sie sich von Ihren Gefühlen lösen und effektiv darüber nachdenken. Diese Reflexion der Gedanken kann Ideen auslösen, wie Sie besser mit dem umgehen können, was Sie belastet, und schließlich zu möglichen Lösungen führen.

Es kann auch Ihre körperliche Gesundheit verbessern. Im Jahr 2006 wurde eine Studie durchgeführt, die gezeigt hat, dass Patienten mit chronischen Krankheiten, die über belastende Situationen Tagebuch geführt haben, weniger körperliche Symptome hatten als Patienten, die keine Tagebücher geführt hatten. Forscher untersuchten 112 Patienten, die an Asthma und

Arthritis litten und baten sie, drei Tage lang täglich für etwa 20 Minuten über jedes emotional belastende Ereignis in ihrem Leben oder über ihre Tagespläne zu berichten. Diejenigen, die darüber berichteten, zeigten nach etwa vier Monaten eine 50-prozentige Verbesserung ihres Zustandes.

Das Führen von Tagebüchern trägt auch zur Verbesserung Ihres Arbeitsgedächtnisses bei. Wenn Sie die Einzelheiten Ihres Tages, eines traumatischen Erlebnisses oder einer belastenden Situation aufschreiben, erleben Sie sie im Wesentlichen noch einmal. Indem Sie aufschreiben, was passiert ist, können Sie viele Details des Geschehenen festhalten. Dies ist besonders nützlich im Umgang mit traumatischen Stressoren. Indem Sie Ihr Trauma oder die Ereignisse, die zu diesem Trauma geführt haben, zurückverfolgen, können Sie herausfinden, was Ihre aktuelle Stressreaktion ausgelöst haben könnte. Sie werden sich Ihrer selbst bewusster, und Sie können leicht ungesunde Gedankenmuster, Emotionen und Verhaltensweisen erkennen. Jetzt können Sie die Kontrolle über Ihr Leben zurückgewinnen und von einer negativen zu einer positiveren Denkweise wechseln, indem Sie effektiv mit den stressauslösenden Faktoren in Ihrem Leben umgehen.

Wenn es um das Führen von Tagebüchern geht, gibt es keine endgültigen Regeln, wie Sie vorgehen sollten. Wichtig ist, dass Sie Ihren Rhythmus finden, indem Sie das tun, was für Sie funktioniert - sei es täglich, wöchentlich oder monatlich. Damit diese Methode funktioniert, müssen Sie jedoch konsequent sein. Wenn Sie anfangen, müssen Sie vielleicht öfter Tagebuchaufzeichnungen machen, um Ihren Stressfaktor zu erkennen, mit Ihren Emotionen umzugehen und Ihren Stress wirksam zu reduzieren. Im weiteren Verlauf können Sie die Häufigkeit auf einmal pro Woche reduzieren, da Sie bereits wissen, was Ihren Stress verursacht, und Sie Maßnahmen zur Minderung dieses wiederkehrenden Stresses ergriffen haben. Sie können Ihr Tagebuch mit sich führen, um Fälle von akutem Stress in Kombination mit anderen schnellen Stresssituationen zu bewältigen.

Wann auch immer Sie spüren, dass Sie bedrückt oder gestresst sind, schreiben Sie dies in Ihr Tagebuch. Schreiben Sie auf:

- was passiert ist
- was Ihrer Meinung nach Ihren Stress verursacht hat (Wenn Sie es nicht wissen, versuchen Sie, eine Vermutung aufzustellen.)
- wie Sie das Ereignis empfunden haben (Wenn Sie es nicht wissen, versuchen Sie, zu raten.)
- was Sie erlebt haben, sowohl physisch als auch emotional
- wie Sie auf das Geschehene reagiert haben
- was Sie danach getan haben, um sich zu beruhigen und besser zu fühlen

Dieses Protokoll wird Ihnen helfen, Muster und wiederkehrende Themen in Bezug auf die Ursachen Ihres Stresses zu erkennen.

Während Sie alles aufschreiben, kann sich alles gut anfühlen. Doch um die Vorteile des Schreibens wirklich zu nutzen und um Stress abzubauen und andere psychische Gesundheitsprobleme zu reduzieren, müssen Sie konstruktiv Protokoll führen. Nachfolgend sind einige Tipps aufgeführt, die Ihnen dabei helfen können.

- Suchen Sie, wann immer Sie können, einen privaten, persönlichen Raum auf, der frei von Ablenkungen ist.
- Wie ich bereits erwähnt habe, beginnen Sie damit, mindestens drei- bis fünfmal pro Woche Tagebuch zu führen und versuchen Sie, konsequent zu sein.
- Nehmen Sie sich genügend Zeit, um über das, was Sie geschrieben haben, nachzudenken und zu reflektieren. Nehmen Sie sich diese Zeit, um eine Balance zu finden, indem Sie Ihre Emotionen kontrollieren.
- Wenn Sie über ein traumatisches Ereignis Protokoll führen, fühlen Sie sich nicht unter Druck gesetzt, das Ereignis im Detail zu erzählen. Sie können einfach darüber schreiben, wie Sie sich dabei gefühlt haben und wie Sie sich jetzt fühlen.

- Strukturieren Sie Ihr Schreiben, wie Sie wollen. Sie können die Vergangenheits- oder Gegenwartsform benutzen, Notizen und Aufzählungen verwenden oder einfach drauf losschreiben.
- Führen Sie Ihr Tagebuch nur für sich. Es ist nur für Ihre Augen bestimmt, nicht für Ihren Ehepartner, Ihre Eltern oder Freunde. Nicht einmal Ihr Therapeut sollte Ihr Tagebuch lesen, aber Sie können in Ihren Therapiesitzungen über Ihre Erfahrungen sprechen.

Wenn Sie ratlos sind und nicht wissen, wo Sie anfangen sollen, finden Sie nachfolgend einige Themenvorschläge, die Ihnen den Einstieg erleichtern sollen.

- Eine unvergessliche Zeit in Ihrem Leben, die gut oder schlecht sein kann
- Wenn Sie drei Wünsche frei hätten, was würden Sie sich wünschen?
- Was ist Ihr Lebensziel?
- Schreiben Sie über eine Kindheitserinnerung und wie Sie sich dabei gefühlt haben.
- Denken Sie darüber nach, wo Sie sich in zwei oder fünf Jahren sehen.
- Was sind Ihre Träume, Hoffnungen oder Ängste?
- Was dachten Sie vor fünf Jahren, wo Sie heute sein werden? Was war damals wichtig für Sie? Ist es heute immer noch wichtig für Sie?
- Wofür sind Sie dankbar? Fangen Sie mit einer einzigen Sache an, ob groß oder klein, und machen Sie von da aus weiter.
- Welche(r) Aspekt(e) Ihres Lebens müssen verändert oder beseitigt werden?
- Wie fühlen Sie sich geistig, körperlich und emotional?
- Mit welchen Herausforderungen beschäftigen Sie sich jetzt?

- Denken Sie an das beste und schlimmste Szenario, das Ihnen jetzt passieren könnte. Wie würden Sie reagieren?

Sie können diese einfachen Richtlinien auch als Starthilfe für Ihre Gedanken verwenden. Denken Sie an das Akronym *W.R.I.T.E.*, wann immer Sie mit Ihrem Tagebuch beginnen möchten.

- W: Worüber möchten Sie schreiben? Denken Sie an Ihre Gedanken, Emotionen, wo Sie gerade im Leben stehen, an aktuelle Ereignisse oder an Dinge, die Sie anstreben oder vermeiden wollen. Sie können einige der Themen verwenden, die ich bereits erwähnt habe.
- R: Revision dessen, was Sie geschrieben haben. Nehmen Sie sich Zeit und gehen Sie das, was Sie geschrieben haben, noch einmal durch, während Sie sich mithilfe von tiefen Atemzügen oder einer Meditation beruhigen. Versuchen Sie, Ihre Gedanken in der Gegenwart zu halten, indem Sie Aussagen, wie z. B. „Ich fühle [...]", „Heute [...]" oder „Hier [...]", verwenden.
- I: Inquirieren und erforschen Sie Ihre Gedanken und Gefühle durch Ihr Schreiben. Hören Sie nicht auf zu schreiben, auch wenn Ihnen nichts mehr einfällt. Wenn Ihre Gedanken abschweifen, nehmen Sie sich Zeit, um sich zu konzentrieren und gehen Sie das, was Sie geschrieben haben, durch. Fahren Sie dann fort.
- T: Timen Sie Ihr Schreiben. Nehmen Sie sich Zeit, um sicherzustellen, dass Sie so lange schreiben, wie Sie es sich zum Ziel gesetzt haben.
- E: Enden Sie mit einer Strategie und Selbstbeobachtung. Gehen Sie durch, was Sie geschrieben haben, denken Sie darüber nach und fassen Sie es in ein paar Worten zusammen, wie z. B. „Während ich dies lese, stelle ich fest, dass [...]." Abschließend können Sie alle Maßnahmen notieren, die Sie eventuell ergreifen möchten.

Sobald Sie Ihre Stressoren identifiziert und organisiert haben, wird es viel einfacher, mit ihnen umzugehen.

Vier Säulen der Stressbewältigung

Zu viel Stress in Ihrem Leben ist nicht gut. Wenn Sie zu viel Stress empfinden, müssen Sie einen Weg finden, ihn zu beseitigen oder zu bewältigen. Bewältigungsmechanismen geben Ihnen die Möglichkeit, sich selbst wieder in den Normalzustand zu versetzen. Wenn Sie mit vorhersehbaren Stressoren zu tun haben, können Sie auf zwei Arten reagieren: Entweder Sie ändern die Situation, in der Sie sich befinden oder Sie ändern, wie Sie auf die Situation reagieren. Um herauszufinden, wie Sie auf diese Stressoren reagieren sollen, hilft es, an die vier Säulen der Stressbewältigung zu denken. In seinem Buch „Der achtsame Weg durch Stress" beschreibt Shamash Alidina die vier Säulen des Stresses: Ausweichen, Ändern, Akzeptieren und Anpassen. Diese werden auch als die *4 As des Stressmanagements* bezeichnet und sollen Ihnen helfen, zu entscheiden, welche Option Sie in einem bestimmten Szenario wählen sollen. Schauen wir uns nun näher an, was jede dieser vier Säulen beinhaltet.

Ausweichen

Auch wenn es nicht möglich ist, jede Stresssituation in Ihrem Leben zu vermeiden, sind Sie vielleicht überrascht, wieviel Stress Sie einfach dadurch vermeiden können, wenn Sie unnötige Stressoren in Ihrem Leben beseitigen oder ihnen aus dem Weg gehen würden. Sie können Ihre psychische Gesundheit erheblich beeinflussen, wenn Sie diese einfache Fähigkeit anwenden. Es gibt verschiedene Möglichkeiten, wie Sie Stressoren vermeiden und dabei Ihre Lebensqualität verbessern können.

- Lernen Sie, „Nein!" zu sagen - Das erste, was Sie tun müssen, ist, Ihre Grenzen zu kennen und zu lernen, sich an diese zu halten. Sie müssen wissen, wie viel Sie auf sich nehmen können, bevor Sie sich überfordert fühlen oder der Druck zu groß wird. Das betrifft Ihr berufliches und Ihr persönliches Leben. Wenn Sie mehr auf sich nehmen, als Sie verkraften können, werden Sie ausgelaugt, müde und überfordert sein, was wiederum zu Stress führt. Sie müssen in Ihrem Leben zwischen dem „Soll" und dem „Muss" unterscheiden, damit Sie wissen, wann Sie „Nein!" sagen sollten, um nicht zu viel auf sich zu nehmen.

Wenn Ihr Chef Sie beispielsweise oft zu Überstunden auffordert und Sie nie Zeit mit Ihrer Familie verbringen können, kann das eine Belastung für Sie und Ihre Familie darstellen. Sie können diese potenziell belastende Situation vermeiden, indem Sie „Nein!" zu Überstunden sagen. Wenn Sie zu einem bestimmten Zeitpunkt keine zusätzliche Arbeit übernehmen können, weil Sie bereits beschäftigt sind, kann ein Nein dazu beitragen, dass Sie genug Zeit haben, Ihre bereits vorhandene Arbeit zu erledigen. Sie können auch jede zusätzliche Arbeit, die auf Sie zukommt, einfach nicht ausführen, sie delegieren oder auch aufschieben und sich zu gegebener Zeit damit beschäftigen.

- Vermeiden Sie Menschen, die in Ihrem Leben Stress verursachen - inzwischen kennen Sie bereits die verschiedenen Möglichkeiten, wie Sie potenzielle Stressoren in Ihrem Leben erkennen können. Diese Stressoren können manchmal Menschen sein, und der Umgang mit menschlichen Stressoren ist die größte Herausforderung, der wir bei der Beseitigung von Stress gegenüberstehen. Wenn Sie bestimmte Personen in Ihrem Leben als Stressoren identifizieren, sollten Sie daran arbeiten, Ihre Zeit um sie herum oder mit ihnen zu begrenzen. Die Beendigung der Beziehung ist eine weitere Option, die Sie ebenfalls in Betracht ziehen sollten. Wenn Sie z. B. in einer negativen Beziehung oder Ehe leben, sollten Sie erwägen, Ihren Partner/Ihre Partnerin zu verlassen, wenn Sie unter Stress und anderen stressbedingten Krankheiten leiden.

- Übernehmen Sie mehr Kontrolle über Ihr Umfeld - Ihre Umgebung nimmt einen großen Teil Ihres Lebens ein. Viele Umweltfaktoren können für Ihren langfristigen Stress verantwortlich sein. Zu diesen Faktoren gehören u. a. Nachrichten schauen, starker Verkehr, Verspätung bei der Arbeit und Überstunden im Büro. Wenn Sie sich von diesen Stressfaktoren fernhalten, können Sie vermeiden, dass Ihre Stressreaktion ausgelöst wird. Wenn die Nachrichten zu deprimierend sind, können Sie sich dafür entscheiden, sie nicht zu schauen, wenn Sie wegen des Verkehrs immer zu spät kommen, können Sie andere Verkehrsmittel oder Fahrgemeinschaften usw. benutzen.

- Gehen Sie Ihre To-do-Liste durch und reduzieren Sie Ihr Arbeitspensum. Schauen Sie sich die Dinge, Aufgaben und Verantwortlichkeiten, die Sie haben, genau an. Wenn Sie versuchen, zu viel zu erledigen, werden Sie überfordert sein. Also überlegen Sie, was Sie priorisieren sollten und arbeiten Sie zunächst daran. Die anderen Aufgaben können Sie zu gegebener Zeit erledigen. Ein Großteil des Stresses, den wir empfinden, kommt nicht daher, dass wir zu viel zu tun haben, sondern dass wir das, was wir angefangen haben, nicht zu Ende bringen. Achten Sie darauf, Dinge nicht zu verschieben, denn das wird Ihre Situation nur verschlimmern und Ihnen eine riesige Liste von Dingen hinterlassen, die noch zu erledigen sind.

Ändern

Wenn Sie einen Stressfaktor oder eine belastende Situation nicht vermeiden können, können Sie versuchen, sie zu verändern. Das bedeutet, dass Sie entweder die Art und Weise ändern müssen, wie Sie kommunizieren oder in Ihrem täglichen Leben handeln. In stressigen Zeiten sollten Sie Veränderungen vornehmen, die sich positiv auf Ihr Stressniveau auswirken. Nachfolgend sind einige Möglichkeiten aufgeführt, wie Sie laut Alidina die Stresssituation verändern können, in der Sie sich befinden.

- Vermitteln Sie Ihre Gefühle, anstatt sie zu verbergen - Wenn Sie sich damit befassen, wie Sie sich fühlen, wenn Dinge geschehen, kann dies viel dazu beitragen, Ihr gesamtes Stressniveau zu reduzieren. Wenn Sie von jemandem oder etwas beunruhigt werden, seien Sie durchsetzungsfähiger und vermitteln Sie Ihre Ideen in einer ruhigen, offenen und respektvollen Weise. Kommunizieren Sie mit „Ich"-Aussagen, wenn Sie andere Menschen auffordern, ihr Verhalten zu ändern, wie z. B. „Ich bin wütend über das, was Sie getan haben." oder „Können Sie mir helfen, mit dieser Situation umzugehen?" Wenn Sie eine bevorstehende Deadline oder ein hohes Arbeitspensum haben und Ihr Kollege plaudert mit Ihnen, lassen Sie ihn wissen, dass Sie nur noch wenig Zeit zum Reden haben, und dann müssen Sie wieder an die Arbeit gehen. Versuchen Sie, wann immer möglich, Aufgaben und andere Verantwortlichkeiten zu delegieren. Wenn Sie es versäumen, Ihre Gefühle auszudrücken und sie verheimlichen, werden Sie Frust aufbauen. Das wird Ihren Stress nur noch verstärken.

- Bitten Sie andere respektvoll, ihr Verhalten zu ändern - Sie sollten auch bereit sein, das Gleiche zu tun. Auf diese Weise können Sie vermeiden, dass kleine Probleme zu großen werden, wenn sie nicht gelöst werden. Wenn Sie es beispielsweise leid sind, im Büro die Witzvorlage Ihrer Kollegen zu sein, bitten Sie sie, damit aufzuhören, damit auch Sie ihre Witze mehr genießen können.

- Kompromiss - Wenn Sie jemanden bitten, sich zu ändern, sollten Sie auch bereit sein, das Gleiche zu tun. Wenn Sie einander auf halbem Weg entgegenkommen können, dann besteht eine gute Chance, dass Sie alles in Ordnung bringen und einen glücklichen Mittelweg finden werden. Wenn Sie

z. B. von der Arbeit und den Hausarbeiten zu Hause überfordert sind, sprechen Sie mit Ihrem Partner darüber, dass er Ihnen hilft, Ihre Arbeitsbelastung zu verringern. Dazu kann auch gehören, die Kinder von der Schule abzuholen oder das Abendessen vorzubereiten, wenn Sie zu spät kommen. Wenn etwas nicht so erledigt wird, wie Sie es gerne hätten, versuchen Sie, anstatt es selbst zu erledigen, mit dem Verantwortlichen zu sprechen und zu sehen, wie Sie die Dinge besser machen können. Nehmen wir an, Sie renovieren Ihr Schlafzimmer und Sie möchten es in einem bestimmten Stil machen, Ihr Partner möchte es jedoch in einem anderen Stil. Anstatt sich darüber zu streiten, wessen Stil besser ist, sollten Sie Wege finden, Aspekte beider Stile in den Raum zu integrieren. Das wird zeigen, dass Sie die Entscheidungen des Gegenübers respektieren und trotzdem das bekommen, was Sie wollen - und am Ende sind alle glücklich.

- Bringen Sie Ihren Zeitplan ins Gleichgewicht - wenn Sie sich zu sehr auf die Arbeit konzentrieren und keine Zeit für die Familie oder zum Ausruhen und Entspannen haben, werden Sie bald ein Burnout erleiden. Deshalb ist es wichtig, dass Sie ein Gleichgewicht finden in Ihrem Berufs- und Familienleben, zwischen dem Alleinsein und sozialen Aktivitäten und zwischen Ihren täglichen Verpflichtungen und Ihrer Freizeit usw. Die Konzentration auf einen Bereich kann dazu führen, dass Sie den Rest vernachlässigen. Das kann zu Spannungen, Frustration und schließlich zu Stress führen. Wenn Sie beispielsweise viel arbeiten und nie Zeit für Ihre Familie oder Ihren Partner haben, kann dies dahin führen, dass diese sich frustriert, verärgert und verlassen fühlen. Das kann zu Streitigkeiten führen und Ihr Zuhause eher zu einer feindseligen Umgebung machen als zu einem Ort, an dem Sie sich entspannen können. Zu viel zu arbeiten kann Sie auch überfordern, da Sie nie Zeit zum Ausruhen haben - auch hier sollten Sie sich vor einem Burnout vorsehen.

Achten Sie immer darauf, dass Sie genügend Zeit für alle Aspekte Ihres Lebens, Ihrer Familie, Ihrer Arbeit, Ihres gesellschaftlichen Lebens, Ihrer Hobbys usw. einplanen.

Anpassen

Wenn Sie den Stressor nicht vermeiden oder ändern können, passen Sie sich ihm an. Das bedeutet, dass Sie sich selbst hinsichtlich dessen ändern müssen, wie Sie reagieren und welche Erwartungen und Einstellungen Sie haben. Wenn Sie das tun, können Sie eine gewisse Kontrolle darüber (zurück-)gewinnen, was Sie stresst. Sie können sich auf verschiedene Arten an einen Stressor anpassen:

- Ändern Sie Ihre Sichtweise - stellen Sie Ihre Probleme neu dar, indem Sie diese aus einer anderen, positiveren Perspektive betrachten. Sie können sogar versuchen, die Situation aus den Augen einer anderen Person zu betrachten. Das kann Ihnen helfen, Wege zu finden, mit diesen Problemen umzugehen oder sie zu lösen. Nehmen Sie beispielsweise an, dass Sie im Stau stehen. Anstatt frustriert und verärgert zu sein, weil Sie zu spät kommen, sehen Sie es als eine Gelegenheit für Ihre persönliche „Ich"-Zeit. Sie können diese Zeit nutzen, um Ihre Gedanken neu zu orientieren, Ihre Lieblings-Musikliste oder Ihren Lieblings-Radiosender zu hören und diese Zeit des Alleinseins wirklich zu genießen. Wenn sich jemand ständig über Sie lustig macht und Ihnen das auf die Nerven geht, sollten Sie, anstatt sich zu ärgern und sich ständig zu fragen, warum diese Person immer wieder Sie auswählt, versuchen, mit ihr zu reden, um die Ursache des Problems wirklich zu verstehen. Es könnte ihre Art sein, Zuneigung zu zeigen oder sie merkt vielleicht gar nicht, wie Sie sich dabei fühlen. Indem Sie mit der Person sprechen, versetzen Sie sich im Wesentlichen in ihre Lage. So können Sie die

Gründe für ihr Verhalten besser verstehen und anders reagieren.

- Alles ist relativ - das bedeutet, dass Sie das Gesamtbild betrachten müssen. Fragen Sie sich, ob das, worauf Sie jetzt Wert legen, auch in einigen Monaten oder Jahren noch eine Rolle spielen wird. Ist es all die Mühe, den Schmerz oder die Schmerzen, die Sie durchmachen, wert? Wenn die Antwort nein lautet, dann sollten Sie Ihre Zeit und Energie auf Dinge konzentrieren, die von Bedeutung sind. Bewerten Sie Situationen, indem Sie ihre langfristigen Auswirkungen betrachten. Fragen Sie sich z. B., ob Ihre Arbeit wichtiger ist als Ihre Familie.

- Ändern Sie Ihre Standards - ändern Sie Ihren Wunsch nach Perfektion, damit Sie mit weniger Frustration und Stress arbeiten können. Setzen Sie vernünftige Standards für sich selbst und andere und seien Sie mit guter, qualitativ hochwertiger Arbeit zufrieden. Sie stellen sich selbst ein Bein und sind nur frustriert, wenn Sie versuchen, alles perfekt zu machen. Worauf Sie sich konzentrieren sollten, ist der Fortschritt, nicht die Perfektion. Anstatt sich darüber zu ärgern, dass eine bestimmte Aufgabe nicht so erledigt wurde, wie Sie es sich gewünscht haben, sollten Sie lieber nachschauen, ob sie die Ziele für die Aufgabe erreicht haben und ob die Ergebnisse akzeptabel sind.

- Stoppen Sie negative Gedanken, sobald sie auftreten - wann immer Sie negative, selbstzerstörerische Gedanken haben, ignorieren Sie diese, sobald sie auftreten, anstatt sich darüber aufzuregen. Durch das Anhalten der Gedanken können Sie Ängste, Depressionen, ein geringes Selbstwertgefühl und andere negative Gefühle überwinden, die auch in grundsätzlich nicht stressigen Situationen Stress verursachen können. Durch Achtsamkeit können Sie lernen, sich selbst und Ihre Umgebung in der Gegenwart bewusster wahrzunehmen, und Sie werden leicht erkennen können, wann sich negative Gedanken einschleichen. Konzentrieren Sie sich in einem solchen Fall auf das Positive und verwandeln Sie diese negativen Gedanken in positive um. Anstatt sich darauf zu konzentrieren, wie jemand anderes etwas besser kann als Sie, schauen Sie sich Ihre guten Qualitäten an und was Sie daraus lernen können, um Ihre Fähigkeiten zu verbessern.

- Seien Sie dankbar - wann immer Sie unter Stress stehen, nehmen Sie sich etwas Zeit, um über all die guten Dinge in Ihrem Leben nachzudenken. Dazu gehören auch Ihre Talente und Ihre positiven Eigenschaften. Dieses Argument ist mit dem vorhergehenden verknüpft, denn Dankbarkeit ist eine Möglichkeit, negative Gedanken zu stoppen. Wenn Sie über alles nachdenken, wofür Sie dankbar sind, werden Sie glücklicher und Ihr Körper setzt Wohlfühlhormone frei, die den Stresshormonspiegel in Ihrem Körper senken. Zudem hilft es Ihnen, die Dinge nüchtern zu betrachten.

Akzeptieren Sie es

Manche Stressoren lassen sich nicht verhindern oder verändern. Sie sind unvermeidlich, wie z. B. der Tod eines geliebten Menschen, das Leiden an einer schweren Krankheit oder finanzielle Probleme aufgrund einer nationalen Rezession. In solchen Fällen ist es am besten, das Geschehen zu akzeptieren und Wege zu finden, mit dem daraus resultierenden Stress umzugehen. Akzeptieren kann in manchen Fällen schwierig sein, aber auf lange Sicht ist es einfacher, als sich der Situation, mit der man konfrontiert ist, zu widersetzen, sie zu leugnen oder nicht damit umzugehen. Im Folgenden finden Sie einige Tipps, die Ihnen helfen können, die Dinge zu akzeptieren, die Sie nicht ändern können:

- Versuchen Sie nicht, alles zu kontrollieren - viele Dinge im Leben liegen außerhalb Ihrer Kontrolle, wie z. B. das Verhalten anderer Menschen, die Zeit, der Tod usw., und es ist sinnlos, sich deswegen zu stressen. Konzentrieren Sie sich stattdessen auf das, was Sie kontrollieren können, d. h. auf die Art und Weise, wie Sie auf diese Dinge reagieren. In einem Fall, in dem Sie einen geliebten Menschen verloren haben, trauern Sie nicht um seinen Tod, sondern feiern Sie sein Leben und konzentrieren Sie sich auf die guten Zeiten und Erinnerungen, die Sie mit ihm geteilt haben.

- Sprechen Sie mit jemandem über das, was Sie durchmachen - es kann ein Familienmitglied, ein Freund, ein Berater oder ein Therapeut sein. Die Tatsache, dass Sie dieses Problem nicht ändern oder vermeiden können, bedeutet nicht, dass Ihre Gefühle verschwinden. Im Gegenteil, es ist normal, dass Sie sich niedergeschlagen oder hilflos fühlen, wenn Sie einem solchen Stressor gegenüberstehen. Das Gespräch mit jemandem kann Ihnen jedoch helfen, Ihre Gefühle zu verarbeiten und mit allem zurechtzukommen. Nachdem Sie mit jemandem gesprochen haben, werden Sie sich besser fühlen, da Sie eine Last von sich genommen haben.

- Lernen Sie, sich selbst und anderen zu verzeihen - wütend, verletzt oder verärgert zu sein, kostet viel Energie. Wir leben in einer Welt, die nicht perfekt ist und Fehler sind vorprogrammiert. Lernen Sie, loszulassen und verstehen Sie, dass Vergeben etwas Übung erfordert, aber indem Sie es tun, befreien Sie sich von diesen negativen Emotionen. Viele Gelegenheiten und Erinnerungen könnten an Ihnen vorbeigehen, weil Sie sich verschlossen haben und an diesen Emotionen festhalten. Warum an diesen Emotionen festhalten, die Sie nur traurig machen und Ihnen ein schlechtes Gefühl geben, wenn Sie sie doch loslassen und frei sein könnten?

- Lernen Sie aus Ihren Fehlern - es ist sehr wertvoll, lehrreiche Momente zu erkennen. Zwar kann man die Ereignisse, die zu diesem bestimmten Moment führen, nicht ändern, aber man kann aus ihnen lernen. Wenn z. B. Ihre Gewohnheit, alles zu verschieben, dazu geführt hat, dass Sie eine Frist versäumt haben und dies Ihre Leistung beeinträchtigt hat, können Sie das Ergebnis vielleicht nicht ändern, aber

Sie können daraus lernen. Verinnerlichen Sie das Gefühl des Bedauerns und der Enttäuschung, das Sie in diesem Moment empfinden und nutzen Sie es, um sich daran zu erinnern, genügend Zeit einzuplanen, um die Arbeit rechtzeitig zu erledigen. Wenn Sie Fehler gemacht haben, die Sie in eine stressige Situation gebracht haben, seien Sie nicht zu hart zu sich selbst. Denken Sie nicht übermäßig über die Ereignisse nach, die Sie hierher geführt haben, sondern lernen Sie aus ihnen.

- Sehen Sie immer alles positiv und üben Sie positive Selbstgespräche - der Verlust einer objektiven Wahrnehmung kann sehr leicht passieren, besonders wenn Sie gestresst sind. Wann immer Sie in Ihrem Leben vor großen Herausforderungen stehen, betrachten Sie sie nicht als das Ende, sondern als eine Gelegenheit für persönliches Wachstum. Ein einziger negativer Gedanke kann einen anderen auslösen, und schon bald ist Ihr Kopf voll von selbstzerstörerischen Gedanken. Diese negative mentale Lawine kann es Ihnen schwer machen, sich auf Dinge zu konzentrieren und sie zu erledigen, was Ihr derzeitiges Stressniveau nur noch verschlimmern wird. Seien Sie positiv. Anstatt zu sagen „Ich bin schlecht im Umgang mit Geld, und ich werde meine finanzielle Situation nicht ändern können", versuchen Sie, zu sagen „Ich weiß, dass ich finanzielle Fehler gemacht habe, aber ich weiß, dass ich widerstandsfähig bin und dass ich diese harten Zeiten durchstehen werde."

In der Welt, in der wir leben, ist es unmöglich, Stress wirklich zu beseitigen, aber wenn man lernt, mit Stress umzugehen und die Frustration, die er verursacht, abzubauen, kann man ein besseres Leben führen. Wenn Sie die 4 As des Stressmanagements beherrschen, werden Sie Ihr Spektrum an Hilfsmitteln zur Stressbewältigung erweitern. Diese Hilfsmittel können dazu beitragen, die Stressoren, die auf Sie einwirken, auszugleichen, und Ihre Fähigkeit zur Stressbewältigung zu verbessern. Die Wahl der richtigen Technik ist ein weiterer wichtiger Teil der

Anwendung dieser Fähigkeiten. Sie müssen wissen, welche Stressoren Sie vermeiden, verändern, akzeptieren oder an welche Sie sich anpassen können. Auf diese Weise wissen Sie, wie Sie mit ihnen umgehen können, wann immer sie auftauchen, und Sie können weiterhin ein relativ stressfreies Leben führen.

KAPITEL 5

Wie man sich weniger Sorgen macht und das Leben mehr genießt

Wir alle machen uns Sorgen um die Arbeit, die Schule, das Geld, die Familie, Beziehungen und das Leben im Allgemeinen. Das ist es, was die meisten von uns nachts wach hält und uns langsam zermürbt - ob wir bei der Arbeit, zu Hause oder sogar beim Entspannen sind. Die Sorge kann als ständige Angst und Furcht definiert werden und sie kann sowohl körperlich als auch geistig anstrengend und belastend sein. Diese ständige Besorgnis kann Stress, Angst und Beunruhigung verursachen und Sie daran hindern, Ihr Leben wirklich zu genießen und es in vollen Zügen zu leben. Für die meisten von uns ist es eher zur Gewohnheit geworden, sich zu sorgen. Das ist etwas, das wir automatisch tun. Wir klammern uns daran, weil es uns vertraut ist, auch wenn es keinen Mehrwert für unser Leben bringt. Zum Glück kann es jedoch, genau wie alle anderen Gewohnheiten, geändert werden.

Es ist leicht zu sagen, dass wir aufhören sollten, uns Sorgen zu machen, und einfach unser Leben genießen sollten. Jeder Mensch ist anders, und jeder hat seine eigenen Probleme. Wir alle wollen uns jedoch mehr auf unsere Ziele konzentrieren und ein angenehmes, erfülltes Leben führen können. Hier sind einige Möglichkeiten, wie Sie genau das tun können:

Finden Sie heraus, was Ihre Sorgen verursacht

Der erste Schritt ist die Bestimmung der Quelle Ihrer Sorgen. Können Sie nicht schlafen, weil sie ständig an die Zukunft denken? Oder sind sie gestresst? Oder können Sie nicht sagen, was Ihnen Sorgen bereitet? Vielleicht ist es körperlich und wenn Sie wissen, was es ist, können Sie es benennen. Bevor Sie Ihre Sorgen loswerden können, müssen Sie jedoch erst einmal herausfinden, was sie verursacht. In Kapitel 3 haben wir uns mit den verschiedenen Möglichkeiten befasst, wie Sie einen Stressor identifizieren können. Dieselben Prinzipien können angewendet werden, wenn Sie versuchen, zu bestimmen, worüber Sie sich Sorgen machen. Wenn Sie aufschreiben, was Sie beunruhigt, erkennen Sie die Ursache an. Dadurch wird die Angst beseitigt, dass Sie zwar wissen, dass Sie etwas beunruhigt, Sie aber nicht in der Lage sind, die Ursache zu benennen. Das macht es weniger beängstigend.

Feststellen, ob die Besorgnis zur Gewohnheit geworden ist

Nicht jeder leidet unter ständiger Besorgnis, viele Menschen jedoch schon. Nachdem Sie die Ursachen Ihrer Sorgen ermittelt haben, fragen Sie sich, ob diese Sorgen für Sie zur Gewohnheit geworden sind? Vielleicht haben Sie sie entwickelt, nachdem Sie in Ihrer Jugend etwas Traumatisches oder Gefährliches erlebt haben. Wenn Sie dies feststellen, können Sie Ihre Sorge vielleicht als eine Charaktereigenschaft betrachten, die Sie entwickelt haben. Jetzt, da Sie wissen, dass es eine Gewohnheit ist, können Sie sie ändern oder brechen.

Verändern Sie Ihre Denkweise über Sorgen

Oft können wir Lösungen für Probleme finden, indem wir die Art und Weise ändern, wie wir sie sehen oder wie wir über sie denken. Dasselbe Prinzip kann auch im Umgang mit Sorgen angewandt werden. Jonathan Alpert, Autor des Artikels „6 mächtige Schritte, um sich keine Sorgen mehr zu machen und endlich zu leben", schlägt vor, dass Sie sich Folgendes fragen: „Was ist der Zweck meiner Sorgen? Verursachen, verhindern oder verschlimmern sie mein Problem?" Wenn Sie diese Fragen beantworten, können Sie Ihre Sorgen etwas besser verstehen.

Nehmen Sie sich etwas Zeit, um über Ihre Sorgen nachzudenken

Ich weiß, dass dies kontraproduktiv erscheinen mag, aber bleiben Sie aufgeschlossen. Alpert stellt fest, dass viele chronische Sorgenträger das Gefühl haben, keine Kontrolle darüber zu haben, was sie beunruhigt. Oft hören Sie Leute sagen „Mach dir keine Sorgen" oder „Denk einfach nicht daran." Dieser Ansatz funktioniert jedoch selten, weil er negativ formuliert ist und wir nie positiv auf negative Stimuli reagieren. Wir neigen dazu, solche negativen Äußerungen nicht gut zu verarbeiten und das zwingt uns dazu, über das nachzudenken, worüber wir nicht nachdenken sollen.

Nehmen Sie beispielsweise an, jemand sagt zu Ihnen „Denken Sie nicht an eine grüne Katze mit langen Ohren." Damit Sie nicht über eine solche Katze nachdenken, müssten Sie sich erst einmal vorstellen, wie sie aussieht. Sie würden darüber nachdenken, wie grün diese Katze ist. Sind ihre Schnurrhaare auch grün? Wie lang sind ihre Ohren? Wie Sie sehen können, denken Sie jetzt über Details nach und versuchen herauszufinden, wie diese Katze aussieht, anstatt nicht über sie nachzudenken. Sie denken an eine grüne Katze mit langen Ohren, obwohl man Ihnen gesagt hat, dass Sie das nicht tun sollen.

Wenn Ihnen also jemand sagen würde, dass Sie sich über etwas keine Sorgen machen sollen, wie z. B. über Geld oder eine bestimmte Situation, würde dasselbe passieren. Sie müssten eben genau an das denken, was auch immer es ist, um nicht daran zu denken. Aus diesem Grund müssen Sie eine gewisse Zeit einplanen, um sich aktiv Sorgen zu machen. Sie können sich täglich zwanzig Minuten Zeit nehmen und wirklich über das nachdenken, was Ihnen Sorgen bereitet. Wählen Sie eine Zeit während des Tages, in der Sie entspannt sind und wirklich über Ihre Sorgen nachdenken können. Wenn es Ihnen möglich ist, machen Sie sich intensiver Sorgen als zu jeder anderen Zeit. Aber denken Sie daran, dass Sie diese Zeit, in der Sie sich intensiv sorgen sollen, nie vor dem Schlafengehen nehmen, da sie Ihren Schlaf stören kann.

Diese Übung wird eine paradoxe Wirkung auf Sie haben, denn jetzt, da Sie wirklich darüber nachgedacht haben, was Sie beunruhigt, haben Sie es definiert und anerkannt. Auf diese Weise haben Sie die Kontrolle über dieses unbekannte Etwas wiedererlangt. Achten Sie jedoch darauf, nicht den ganzen Tag darüber nachzudenken.

Stellen Sie fest, ob es Fakt oder Fiktion ist

Nachdem Sie über Ihre Sorgen nachgedacht haben, werden Sie eine ziemlich gute Vorstellung davon haben, was deren Ursachen sind und Sie können feststellen, ob es sich dabei um reale oder fiktionale Umstände handelt. Das ist wichtig, denn es macht keinen Sinn, über Dinge nachzudenken, die vielleicht nie geschehen werden. Das trübt nur Ihren Verstand, macht es Ihnen schwer, sich auf die wichtigen Dinge zu konzentrieren, und raubt Ihnen Energie.

Nehmen Sie ein Blatt Papier und zeichnen Sie vier Spalten. In die erste Spalte schreiben Sie eine Sorge auf, die Sie haben. Stellen Sie dann in der nächsten Spalte fest, ob es sich um eine Tatsache oder eine Fiktion handelt und ob Sie Beweise haben, die Ihre Theorie bestätigen. Schreiben Sie in der dritten Spalte auf, wie Sie das, was Sie beunruhigt, auf andere Weise betrachten können. In der letzten Spalte notieren Sie, ob das, was Sie beunruhigt hat, Ihrer Meinung nach hilfreich war oder nicht.

Um diese Übung zu veranschaulichen, nehmen wir ein Beispiel von jemandem, der am Samstag eine Verabredung hat, aber besorgt ist, dass er sie absagen muss, wenn er krank wird.

Spalte 1: „Ich mache mir Sorgen, dass ich meine Verabredung am Samstag absagen muss, wenn ich krank werde."

Spalte 2: „Ich bin jetzt nicht krank. Ich fühle mich großartig." Dieser Gedanke ist also nicht real, er ist Fiktion.

Spalte 3: „Ich werde mich gesund ernähren, mich ausreichend ausruhen und dafür sorgen, dass ich für meine Verabredung am Samstag fit bin."

Spalte 4: „Ich bin nicht krank geworden und hatte ein wunderbares Date. Meine Sorgen waren unbegründet und unnötig und hatten keine Auswirkungen auf meine Gesundheit."

Fragen Sie sich, ob Sie die Kontrolle haben

Wir haben selten die Kontrolle über alles, was uns Sorgen macht. Darüber nachzudenken, bereitet uns nur Kummer. Deshalb ist es wichtig, einen Schritt zurückzutreten und sich zu fragen, ob Sie die Kontrolle über das haben, worüber Sie sich Sorgen machen. Ein Beispiel ist der Tod - er ist unvermeidlich und wir können nur wenig dagegen tun, außer Vorbereitungen zu treffen, um die Trauer über den Verlust eines Menschen zu lindern.

Sorgen infrage stellen

Chronische Sorgenträger neigen dazu, die Welt auf eine Weise zu betrachten, die sie bedrohlicher erscheinen lässt, als sie in Wahrheit ist. Sie denken beispielsweise, dass die Dinge ständig schiefgehen werden und sie denken jedes Mal, dass der schlimmste Fall eintreten wird. Nach Robinson und Smith kann diese Art von Gedanken, die als *kognitive Verzerrungen* bezeichnet werden, auch Folgendes beinhalten:

- Gedanken nach dem Alles-oder-nichts-Prinzip: Die Dinge sind entweder schwarz oder weiß. Es gibt keinen Mittelweg. Diese Art des Denkens ist vor allem bei Perfektionisten geläufig. Die Dinge, die nicht so laufen, wie sie sollen, oder die nicht ihren Standards entsprechen, werden als Fehlschläge betrachtet, die sie zum Scheitern bringen.

- Verallgemeinerung: Damit ist gemeint, dass eine negative Erfahrung, die man gemacht hat, auch ein zweites Mal geschehen wird, wie z. B. „Mein letztes Date ist schlecht gelaufen. Ich werde nie eine Beziehung haben."

- Nur das Schlechte sehen: Das ist der Moment, in welchem man nur das sieht, was schiefgelaufen ist, und nicht, was gut gelaufen ist, wie z. B. „Ich habe die letzte Frage falsch beantwortet. Ich bin so ein Idiot."

- Wege finden, die eigenen positiven Augenblicke so herunterzuspielen, als wären sie nichts Besonderes: Oft spielt man seine Erfolge herunter, indem man sagt, es war pures Glück oder man hat weniger versagt als andere.

- In dem Glauben sein, dass Ihre Gefühle die Realität widerspiegeln: „Ich habe bei meiner Präsentation einen Fehler gemacht. Jeder muss denken, dass ich ein Idiot bin."

- Negative Gedanken ohne jeglichen Beweis dafür: „Ich weiß, dass etwas schiefgehen wird." Sie tun so, als wüssten Sie, was passieren wird, oder als könnten Sie Gedanken lesen: „Ich weiß, dass sie mich hassen werden."

- Sich selbst definieren aufgrund Ihrer Fehler oder eines wahrgenommenen Mangels an Fähigkeiten

- Verantwortung für Dinge übernehmen, über die Sie keine Kontrolle haben: „Es ist meine Schuld, dass mein Mann einen Unfall hatte. Ich hätte etwas tun sollen, um ihn zu warnen."

Um diese negativen Gedanken anzuzweifeln, können Sie die nachfolgend aufgeführten Schritte befolgen.

- Nehmen Sie sich Zeit, um sich aktiv Sorgen zu machen.
- Stellen Sie fest, ob Ihre Sorge Tatsache oder Fiktion ist.
- Können Sie es positiver sehen?
- Ist der Gedanke hilfreich? Wie wird mir die Besorgnis helfen, eine Lösung zu finden?
- Fragen Sie sich, ob Sie die Kontrolle darüber haben.

- Wenn jemand, der Ihnen nahe steht, diese Sorge hätte, was würden Sie ihm sagen?

Sprechen Sie mit jemandem darüber, was Sie beunruhigt

Wenn Sie mit einem vertrauenswürdigen Freund oder Familienmitglied über Ihre Gefühle oder das, was Sie bedrückt, sprechen, können Sie einige der Sorgen und Ängste, die Sie vielleicht empfinden, abbauen. Wie das Sprichwort besagt: Geteiltes Leid ist halbes Leid. Finden Sie also jemanden, dem Sie sich anvertrauen können, und erzählen Sie ihm von Ihren Sorgen. Sie können mit einem Berater oder Therapeuten sprechen, wenn Sie nicht mit jemandem reden wollen, der Ihnen nahe steht.

Es gibt Gründe, warum Sie vielleicht zögern, sich anderen zu öffnen, z. B. weil Sie Ihre Nahestehenden nicht beunruhigen, Ihre Sorgen vertraulich behandeln wollen oder weil das Mitteilen der Sorgen Sie schwach erscheinen lassen könnte. Vielleicht fehlt Ihnen auch die Zeit, sich mit jemandem zu treffen, weil Sie zu beschäftigt sind. Was auch immer der Grund dafür sein mag, sich jemandem anzuvertrauen kann sowohl für Ihre körperliche als auch für Ihre geistige Gesundheit von Vorteil sein.

An der Universität von Südkalifornien wurde ein Experiment durchgeführt, um die Vorteile eines Gespräches über Ihre Sorgen mit jemand anderem zu messen. Die Teilnehmer wurden in zwei Gruppen aufgeteilt, wobei eine Gruppe ihre Sorgen über das Halten einer Rede, die aufgezeichnet wurde, teilte. Die anderen Teilnehmer hatten diese Möglichkeit nicht. Bei denjenigen, die über ihre Sorgen sprachen, wurde festgestellt, dass sie deutlich weniger Cortisol im Körper hatten als diejenigen, die nicht über ihre Sorgen sprachen. Die Forscher fanden zudem heraus, dass diejenigen, die ihre Sorgen mit anderen Teilnehmern teilten, die niedrigsten Cortisolwerte aufwiesen.

Laut Andrews deutet dies darauf hin, dass das Teilen Ihrer Sorgen mit jemand anderem den Stresshormonspiegel in Ihrem Körper erheblich senkt und das Teilen mit jemandem, der sich in einer ähnlichen Situation befand oder befindet, die besten Ergebnisse liefert. Wenn Sie also Beziehungsprobleme haben, können Sie diese lindern, indem Sie mit jemandem sprechen, der diese Sorgen oder etwas Ähnliches durchgemacht hat.

Akzeptieren Sie Unsicherheit

Die Autorin Susan Jeffers, die Selbsthilfe thematisiert, stellt in ihrem Buch „Embracing Uncertainty" fest, dass alles im Leben zufällig passiert und man nie wissen kann, wie sich die Dinge entwickeln werden. Sich also darüber Sorgen zu machen, bringt nichts. Viele von uns denken, dass Unsicherheit etwas Gefährliches ist und dass es unverantwortlich ist, nichts dagegen zu unternehmen. Deshalb machen wir uns Sorgen und versuchen, Wege zu finden, wie wir diese Unsicherheit beseitigen können. Sich über das Unbekannte Sorgen zu machen, ist jedoch nur dann hilfreich, wenn es Ihnen hilft, Wege zu finden, wie Sie damit umgehen können. Das ist selten der Fall, denn während Sie über das Unbekannte nachdenken, kommen Ihnen nur noch mehr schlechte Gedanken in den Sinn. Am Ende befinden Sie sich in einem Teufelskreis, weil Ihnen immer mehr Probleme einfallen, während Sie versuchen, Lösungen für andere zu finden. Diese Gedanken führen letztlich dazu, dass Sie sich schlechter fühlen, wenn Sie sich sorgen.

Wenn an Ihrem Arbeitsplatz ein neuer Vorgesetzter eingestellt wird, sind Sie möglicherweise unsicher über Ihre Zukunft im Unternehmen und machen sich Sorgen, Ihren Arbeitsplatz zu verlieren. Sorgen machen Sie jedoch nur noch ängstlicher und weniger produktiv bei der Arbeit, wodurch Sie dann möglicherweise entlassen werden könnten.

Sie haben ein Muttermal auf dem Rücken und denken, es könnte krebsartig sein, also lassen Sie es untersuchen und gehen zum

Arzt, der Ihnen versichert, dass es nicht krebsartig ist. Aber Sie machen sich immer wieder Gedanken darüber und überzeugen sich, dass Sie eine zweite Meinung brauchen, weil Ärzte sich irren können. Was am Ende passiert, ist, dass Sie Ihre Zeit und Ihr Geld verschwenden, um eine Krankheit zu behandeln, die Sie nicht haben. Ihre Unfähigkeit, mit Unsicherheiten umzugehen, hat dazu geführt, dass Sie sich auf der Suche nach Antworten nur noch mehr Sorgen gemacht haben.

Um Ihnen zu helfen, mit Unsicherheit umzugehen, müssen Sie die Vorteile erkennen, welche Ihnen die Akzeptanz der Unsicherheit bieten. Der erste Vorteil ist, dass Sie sich viel weniger sorgen. Sie können Ihren Ängsten selbstbewusster entgegentreten, und so Ihr Leben mehr genießen. Sie könnten auch denken, dass ein Nachteil des Akzeptierens von Ungewissheit darin besteht, dass Sie von einem schlechten Ergebnis überrascht werden, weil Sie etwas übersehen haben, sodass es zu einer Katastrophe kommen könnte. Aber mit ziemlich großer Wahrscheinlichkeit wird das nie geschehen.

Der zweite Vorteil ist, dass es überall Unsicherheiten gibt. Welche Unsicherheiten sind Sie bereit zu akzeptieren? Erkennen Sie an, dass es in allem Ungewissheit gibt. Wenn Sie beispielsweise Auto fahren, woanders hinfahren, jemanden zum ersten Mal treffen, ein neues Projekt beginnen usw., gibt es immer Ungewissheit. Wir akzeptieren bereits einige Ungewissheiten im Leben, weil wir nicht kontrollieren oder wissen können, was passieren wird. Warum also akzeptieren wir nicht einfach alle Unsicherheiten?

Darüber hinaus, haben Sie jemals jemanden getroffen, der absolute Gewissheit über alles im Leben hat? Die Antwort darauf wird wahrscheinlich nein sein, da wir uns der Zukunft nie sicher sein können. Sie müssen sich daran erinnern, dass Ihr Leben leichter sein wird, wenn Sie die Ungewissheit akzeptieren, da sie unvermeidlich ist.

Indem Sie diese Fragen beantworten, können Sie die Kontrolle zurückgewinnen, weil Sie Ihre Unsicherheiten identifiziert haben.

Lernen Sie die akzeptanzbasierte Achtsamkeitsmeditation kennen

Üblicherweise bedeutet Achtsamkeitsmeditation, sich selbst und seiner Umgebung bewusst zu werden. Es geht darum, absichtlich, gegenwärtig und ohne zu urteilen, auf eine bestimmte Art und Weise aufmerksam zu sein. Die häufigste Art, die Achtsamkeitsmeditation zu praktizieren, besteht darin, still zu sitzen und sich auf den Atem zu konzentrieren. Dies ist eine einfache Möglichkeit, Ihre Aufmerksamkeit zu trainieren. Es gibt jedoch noch einen anderen Weg, bei dem es darum geht, ruhig zu akzeptieren, was in Ihnen vorgeht, um so die Auswirkungen der Gedanken zu verringern. Diese Art der Meditation ist als *Akzeptanzbasierte Achtsamkeitsmeditation* bekannt.

Eine im Jahr 2017 durchgeführte Studie verglich die Auswirkungen der *Akzeptanzbasierten Achtsamkeitsmeditation* mit der *Aufmerksamkeitsbasierten Achtsamkeitsmeditation* hinsichtlich der Verringerung kurzfristiger Sorgen. Alle Teilnehmer wandten progressive Techniken zur Muskelentspannung an. Die aufmerksamkeitsbasierte Gruppe arbeitete daran, ihren Atem zu beobachten und ihre Aufmerksamkeit wieder darauf zu richten, wann immer sie merkten, dass ihre Gedanken abschweifen. Im Gegensatz dazu konzentrierte sich die akzeptanzbasierte Gruppe darauf, die inneren Erfahrungen, wie Gedanken, Gefühle oder körperliche Empfindungen, einfach nur wahrzunehmen, zuzulassen und vielleicht zu benennen.

Es stellte sich heraus, dass das Lenken der Aufmerksamkeit nach innen, das Wahrnehmen und Anerkennen der beunruhigenden Gedanken und Gefühle dazu beigetragen hat, ihre Häufigkeit zu verringern. Die Gedanken und Gefühle einfach zu beobachten und nicht über sie zu urteilen oder auf sie zu reagieren, trägt dazu bei, ihre Wirkung auf Sie zu verringern, so Robinson und Smith in ihrem Artikel „How to Stop Worrying".

Seien Sie kein Perfektionist

Wenn Sie wollen, dass alles auf Ihre Art und Weise und perfekt gemacht wird, kann das zu übermäßiger Besorgnis führen. Untersuchungen haben gezeigt, dass Menschen, die sich mehr Sorgen machen, eher Perfektionisten sind, und dieser Teufelskreis verschlechtert beide Bedingungen. Werden Sie sich Ihres perfektionistischen Wesens oder Ihrer übermäßig verantwortungsbewussten Überzeugungen und ihrer Auswirkungen auf Ihr Leben und die Menschen um Sie herum bewusster. Sobald Sie dies anerkennen, wird es leichter, es zu überwinden. Lernen Sie, die Dinge zu akzeptieren, wenn sie gut genug sind und ärgern Sie sich nicht über Kleinigkeiten. Setzen Sie auch niedrigere Maßstäbe, um den Druck auf sich selbst und die Menschen um Sie herum zu verringern, da Sie sich keine Sorgen um das Erreichen von Perfektion machen müssen.

Verlassen Sie Ihre Gedanken und bewegen Sie sich

Körperlich aktiv zu sein kann Ihnen helfen, beunruhigende Gedanken und den dadurch verursachten Stress und die Angst zu unterbrechen. Bewegung ist eine natürliche und wirksame Art und Weise, mit Angst umzugehen. Das dabei freigesetzte Hormon hilft, Stress und Anspannung abzubauen, Ihr Wohlbefinden zu steigern und Ihre Energie zu erhöhen. Laut Robinson und Smith werden Sie aufhören, sich auf beunruhigende Gedanken zu konzentrieren, wenn Sie auf die vielen Empfindungen achten, die Ihr Körper während des Trainings erfährt. Dabei kann Ihnen Folgendes helfen:

- Nehmen Sie eine Yogastunde - Yoga und Tai Chi sind großartige Hilfsmittel, um Ihren Geist neu auszurichten, indem sie Ihre Aufmerksamkeit auf Ihre Bewegung lenken und Ihnen helfen, sich zu entspannen.

- Meditieren - Sie können andere Formen der Meditation ausprobieren und sie mit Ihrer akzeptanzbasierten Achtsamkeitsmeditation kombinieren.

- Sie können auch andere stresslösende Techniken ausprobieren, die Ihnen helfen, sich zu beruhigen, wenn Sie das Gefühl haben, dass Ihnen die Sorgen zu viel werden.

Zusammenfassend können wir Folgendes festhalten:

- Das Meiste, worüber Sie sich Sorgen machen, wird niemals geschehen.

- Bewahren Sie sich davor, sich in vagen Ängsten zu verlieren. Das bedeutet, dass Sie sich leicht in Ihrem Verstand verlieren können, wenn Ihre Sorgen und Ängste übertrieben werden. Stellen Sie fest, ob sie real sind oder nicht.

- Sie sind kein Gedankenleser, also hören Sie auf zu raten, was jemand anderes denkt. Finden Sie stattdessen einen Weg, es zu hinterfragen.

- Vermeiden Sie es, Dinge zu tun, wenn Sie geistig erschöpft sind. Wann immer Sie das Gefühl haben, dass Sie an Ihre Grenzen stoßen oder erschöpft sind, vermeiden Sie es, neue Aufgaben zu übernehmen. Beenden Sie lieber das, woran Sie arbeiten und machen Sie eine Pause.

- Sprechen Sie darüber, was Sie beunruhigt.

- Bewegen Sie sich.

- Seien Sie sich des gegenwärtigen Momentes bewusster, indem Sie sich in Achtsamkeit üben.

Wenn Sie versuchen, Ihre Sorgen zu ignorieren oder zu verdrängen, verursacht das nur mehr Stress. Wenn Sie aber diese Tipps anwenden, können Sie Ihre beunruhigenden Gedanken zähmen und Ihre Angst, Sorgen und Stress abbauen. Da Sorgen jedoch eine Gewohnheit sind, wird es einiges an Arbeit erfordern, sie zu ändern, und das wird nicht über Nacht geschehen. Aber mit diesen Tipps können Sie Ihre Gewohnheit, sich Sorgen zu machen, ablegen und sie durch eine neue, positive Gewohnheit ersetzen.

KAPITEL 6

Wie entwickelt man emotionale Belastbarkeit?

Haben Sie sich schon einmal gefragt, wie Sie sich nach einem stressigen Ereignis wieder aufraffen können? Oder wie Sie mit schwierigen Ereignissen in Ihrem Leben umgehen können, wie z. B. dem Tod eines geliebten Menschen, einer schweren Krankheit, einem Terroranschlag und anderen traumatisierenden Ereignissen? Das sind Beispiele für extrem herausfordernde Situationen, die auftreten können, und als Folge davon werden wir von Emotionen, Sorgen, Stress und Unsicherheit über diese möglichen Ereignisse überflutet. Doch im Laufe der Zeit haben sich die Menschen an diese lebensverändernden Situationen und die sie begleitenden Emotionen angepasst. Wie waren sie dazu in der Lage? Indem sie emotionale Belastbarkeit entwickelten.

Was ist emotionale Belastbarkeit?

Der *American Psychological Association* zufolge kann emotionale Belastbarkeit definiert werden als der *Prozess der Anpassung an Widrigkeiten, traumatische Erfahrungen, Tragödien oder andere Stressfaktoren*. Die Schritte, die wir unternehmen, um für unser Wohlbefinden zu sorgen, helfen uns, mit dem Druck umzugehen und die Auswirkungen von Stress auf unser Leben zu verringern. Dies wird als Entwicklung emotionaler Belastbarkeit bezeichnet. Es handelt sich um die Entwicklung Ihrer Fähigkeit, sich von herausfordernden Situationen zu erholen und sich an diese Situationen anzupassen. Da es unmöglich ist, sich vor den Höhen und Tiefen des Lebens zu schützen, müssen wir emotionale Belastbarkeit entwickeln. Das ist kein Persönlichkeitsmerkmal, sondern eher eine Gewohnheit, die Sie entfalten können. Wenn Sie die notwendigen Schritte unternehmen, können Sie dies erreichen.

Belastbarkeit bedeutet nicht, dass man keine Schwierigkeiten oder Ängste hat, denn Traurigkeit und emotionaler Schmerz sind eine gemeinsame Eigenschaft aller, die Widrigkeiten oder Traumata erlebt haben. Sie können jedoch besser mit den Niederlagen umgehen und haben es leichter, mit Stress umzugehen, egal ob es sich um akuten oder chronischen Stress handelt. Bei der Entwicklung emotionaler Belastbarkeit geht es nicht darum, einen Kampf zu gewinnen, sondern darum, sich selbst zu stärken, damit Sie die Situation überstehen und in Zukunft besser damit umgehen können. Betrachten Sie das metaphorisch und nicht als eine Eigenschaft, bei der man sich beugt, aber nicht bricht. Akzeptieren Sie lieber, dass Sie vielleicht gebrochen, aber eben genau deswegen stärker geworden sind.

Das heutige Leben verlangt, dass wir uns an Veränderungen anpassen, die es vorher nicht gab und es ist nur natürlich, dass wir uns von Zeit zu Zeit emotional niedergeschlagen fühlen. Wenn wir emotional belastbar werden, sind wir in der Lage, uns selbst zu befähigen, das, was wir durchmachen, als vorübergehend zu sehen und den Schmerz und das Leid durchzustehen. Wir gewinnen auch Einsicht darin, wie wir Handlungen vermeiden können, die uns in Stresssituationen führen könnten.

Betrachten Sie zum Beispiel folgendes Szenario: John ist ein Lehrer, ein liebevoller, treuer Ehemann und ein zuverlässiger Arbeiter. Er kommt pünktlich zur Arbeit und ist immer konzentriert, will aus seinen Fehlern lernen und schafft es immer, Dinge zu erledigen, weil er versucht, die Dinge nicht aufzuschieben, wie viele seiner Freunde. Er ist glücklich mit seinem Leben und dem, was er erreichen konnte.

Untersuchungen haben gezeigt, dass Menschen, die leichter mit kleineren Stressfaktoren umgehen können, auch mit größeren

Stressfaktoren umgehen können. Dies ist einer der Vorteile der Belastbarkeit. Sie kommt Ihrem täglichen Leben zugute, aber auch während eines stressigen Ereignisses.

Komponenten der emotionalen Belastbarkeit

In ihrem Artikel „Was ist emotionale Belastbarkeit und wie baut man sie auf?" erklärt Chowdhury, dass die Entwicklung emotionaler Belastbarkeit auf den drei nachfolgenden Säulen beruht:

- **Körperliche Elemente**: Dazu gehört die Verbesserung der körperlichen Kraft und des Wohlbefindens, des Energieniveaus und der Vitalität.

- **Mentale Elemente**: Hierbei handelt es sich um die Arbeit an Aspekten, wie z. B. an Ihrem Fokus, Ihrer Aufmerksamkeit, Ihres Selbstwertgefühles, Ihres Selbstausdruckes, Ihrer Anpassungsfähigkeit, Ihres emotionalen Bewusstseins, Ihres Denkens, Ihrer Schlussfolgerungen, Ihres Selbstvertrauens etc.

- **Soziale Elemente**: Dies bezieht sich auf die Arbeit an Ihren zwischenmenschlichen Beziehungen zu Ihrer Familie, Ihren Mitarbeitern, Kindern, Ihrer Gemeinschaft und anderen, einschließlich Ihrer Kommunikation, Sympathie, Gruppenkonformität und Kooperation. Die Entwicklung Ihrer sozialen Fähigkeiten kann definiert werden als die erfolgreiche Interaktion zwischen Ihnen und der Umgebung, in der Sie sich befinden. Durch Kommunikation, Kontakt und Kooperation können wir mit anderen Menschen in unserer Gemeinschaft koexistieren. Indem wir die Art und Weise verbessern, wie wir mit anderen Menschen interagieren, uns an ihre Gewohnheiten anpassen oder ihre Probleme wahrnehmen, können wir Belastbarkeit entwickeln und negativen Emotionen und Ergebnissen positiver begegnen. Sie können dies erreichen, indem Sie Ihre Fähigkeit entwickeln, sich in andere Menschen einzufühlen, soziale Hinweise - verbal oder nonverbal - zu lesen, Ihre sozialen Ängste und andere Phobien bewältigen und die Kraft des Selbstausdruckes zu nutzen.

Merkmale der emotionalen Belastbarkeit, die Sie entwickeln können

Scott, ein Autor von *verywellmind.com*, stellt fest, dass die Entwicklung emotionaler Belastbarkeit dazu beiträgt, Ihr Leben zu verbessern:

1. Selbsterkenntnis

Das ist die Fähigkeit, mit seinen Gefühlen, Wahrnehmungen und inneren Konflikten im Einklang zu sein. Sie verstehen, was Sie fühlen und warum Sie sich so fühlen. Selbsterkenntnis hilft Ihnen, ein tieferes Verständnis dafür zu gewinnen, welche Rolle Ihre Gefühle bei Ihren Handlungen spielen. Anstatt äußerlich nach Hilfe zu suchen oder der Welt die Schuld für Ihr Leid zuzuschieben, gibt Ihnen die Selbsterfahrung den Mut, nach innen zu schauen und nach den Antworten zu suchen. Es hilft Ihnen, bewusster zu werden. Mit dieser Fähigkeit gewinnen Sie auch ein besseres Verständnis dafür, wie andere sich fühlen, weil Sie mit Ihren eigenen Gefühlen im Einklang sind.

2. Ausdauer

Das bedeutet, dass Sie daran arbeiten müssen, Ihre Konsequenz und Ihr Engagement zu verbessern, um kontinuierlich besser zu werden. Es hält Ihre Motivation aufrecht, wenn Sie mit internen oder externen Stressoren umgehen. Sie werden handlungsorientierter und können angesichts von Stress auf den Prozess vertrauen und darauf vertrauen, dass alles in Ordnung sein wird.

3. Kontrolle über Ihre Emotionen

Das bedeutet, dass Sie Ihre Emotionen beherrschen und sich nicht von ihnen beherrschen oder überwältigen lassen dürfen. Wenn Sie Ihre Emotionen kontrollieren, haben Sie mehr Selbstbeherrschung und können sich leichter wieder konzentrieren. Es ist weniger wahrscheinlich, dass Sie von Stress überwältigt werden oder dass Sie sich von diesen Emotionen beeinflussen lassen, indem Sie Vermutungen anstellen oder Schlussfolgerungen ziehen, ohne dass es dafür Beweise gibt.

4. Flexibles Denken und Perspektive

Dies ist ein wichtiger Aspekt der psychischen Gesundheit, der positives Denken, Logik und Rationalität einbezieht und dabei optimistisch und anpassungsfähig bleibt. Sie können diese Art des Denkens verbessern, indem Sie:

- sich erlauben, starke Emotionen zu empfinden, anstatt sie zu vermeiden oder herunterzuschlucken. Erkennen Sie auch, wie wichtig es ist, zu wissen, wann man sie vermeiden sollte.
- proaktiv mit Ihren Problemen umgehen und auch eine Pause einlegen, um sich auszuruhen.
- lernen, wann man Zeit mit geliebten Menschen verbringt und wann man Zeit für sich selbst hat.
- lernen, wann man sich auf sich selbst verlassen kann und wann man Hilfe annehmen sollte.

Wenn Sie über diese Fähigkeiten verfügen, ist die Wahrscheinlichkeit größer, dass Sie ein ausgeglichenes Leben führen. Belastbare Menschen akzeptieren und lernen aus ihren Fehlern und Misserfolgen, anstatt sie zu leugnen. Ziehen Sie Stärke daraus, dass Sie in diesen Herausforderungen einen Sinn sehen und sich nicht als Opfer betrachten.

5. Ihre Beziehungen und Unterstützungssysteme

Damit Sie emotional belastbar sind, müssen Sie gute persönliche Beziehungen haben. Das ist sowohl eine Voraussetzung als auch ein Nebenprodukt der Belastbarkeit. Die Fähigkeit, stärkere zwischenmenschliche Bindungen zu erzeugen, zeigt, dass Sie bereits einen Schritt in Richtung Belastbarkeit gemacht haben. Diese Beziehungen tragen dazu bei, unseren Blickwinkel darauf zu erweitern, wie wir unsere Probleme, uns selbst und die Welt sehen. Menschen sind soziale Wesen, und wenn wir mit Menschen, die uns unterstützen, zusammen sind, haben wir den Mut und die Kraft, uns mit unseren Problemen auseinanderzusetzen, sie zu ertragen und aus ihnen zu lernen. Um Ihre Widerstandsfähigkeit auf lange Sicht zu entwickeln, müssen Sie die Fähigkeit erlangen, Ihre Beziehungen zu verbessern und bereit sein, neue Beziehungen einzugehen und aufzubauen. Erkennen Sie auch den Wert, sich mit Freunden und geliebten Menschen zu umgeben.

6. Ihr interner Kontrollpunkt

Hierbei geht es vor allem darum, sich Ihnen selbst verständlich zu machen, dass Sie die Kontrolle über Ihr Leben haben und nicht von außen kommende Kräfte. Es wird darauf abgezielt, Ihnen zu einer realistischeren Weltsicht zu verhelfen, mit der Sie besser mit den vagen Ängsten und Sorgen umzugehen wissen, die Sie vielleicht haben. Indem Sie proaktiv mit Stressoren in Ihrem Leben umgehen, werden Sie lösungsorientierter und neigen weniger dazu, sich in diesen negativen Gedanken zu verlieren. Sie haben auch ein größeres Gefühl der Kontrolle, weil Sie etwas gegen Ihre Stresssituationen tun können, anstatt sich hilflos zu fühlen. Dieses Gefühl kann dazu beitragen, Ihr allgemeines Stressniveau zu reduzieren.

7. Ihr Optimismus

Optimismus hilft Ihnen, in jeder Situation die positiven Seiten zu sehen. Wenn Sie mit Widrigkeiten konfrontiert werden, sehen Sie die Vorteile, anstatt eine Niederlage zu akzeptieren oder sich von diesen Situationen zu Fall bringen zu lassen. Glauben Sie an sich selbst und daran, dass Sie die Kraft haben, sich durchzusetzen. Das verändert die Art und Weise, wie Sie mit Ihren Problemen umgehen, weil Sie sich von einer Opferhaltung zu einem Problemlöser gewandelt haben. Weil Sie aufgeschlossener sind, sehen Sie mehr Optionen, die Ihnen verschlossen blieben, wenn Sie nicht daran glauben würden, dass am Ende alles klappen wird.

8. Ihr Sinn für Humor

Dies beinhaltet die Entwicklung der Fähigkeit, über Ihre Sorgen zu lachen. Es handelt sich um eine sehr hilfreiche Fähigkeit, da sie Ihre Sichtweise auf Stressoren verändert und deren Auswirkungen abschwächt. Lachen ist eine gute Möglichkeit, Wohlfühlhormone freizusetzen, die Sie beruhigen können und es Ihnen ermöglichen, Ihre Stresssituation aus einer anderen Perspektive zu betrachten. Es verändert, wie der Körper auf eine Stresssituation reagiert. Anstatt die Stressreaktion auszulösen und den Körper mit Cortisol und Adrenalin zu überschwemmen, setzt der Körper Endorphine frei, um dem Stress entgegenzuwirken.

Wie man emotionale Belastbarkeit entwickelt

Die Fähigkeit, mit Widrigkeiten umzugehen, kann durch den Einsatz des richtigen Wissens, der richtigen Ausbildung und Motivation entwickelt werden. Unabhängig davon, ob Sie Probleme am Arbeitsplatz oder zu Hause haben, können Sie mit der Situation effektiv umgehen und sich vor emotionalen Traumata schützen. Der Grund, warum manche Menschen besser mit Stress umgehen können, ist ihre Belastbarkeit. Wenn man negativen Situationen, wie z. B. einem Burnout ausgesetzt ist, kann das intensive Gefühle hervorrufen, und wir setzen oft unsere Bewältigungsmechanismen ein, um damit umzugehen. Emotional belastbare Menschen machen schnell Gebrauch von diesen Fähigkeiten, während weniger belastbare Menschen die Bewältigung als schwieriger empfinden. Zwar sind einige Menschen von Geburt an belastbarer und emotional ausgeglichener als andere. Jedoch können wir uns alle mit den richtigen Fähigkeiten selbst verbessern und unsere emotionale Belastbarkeit entwickeln.

Ein großer Teil des Aufbaus emotionaler Belastbarkeit besteht darin, zu akzeptieren, dass sie mit anderen Teilen Ihres Lebens verbunden ist. Beispielsweise kann Ihnen der Aufbau von Belastbarkeit zu Hause auch bei der Arbeit helfen (und umgekehrt). Indem Sie ändern, wie Sie die denken (Kognition), wie Sie Dinge untersuchen und bewerten (Wahrnehmung) und wie Sie auf Dinge reagieren (Handlung), können Sie Ihre Art zu fühlen, zu denken und sich zu verhalten erheblich verbessern. Ganz gleich, auf welchen Gesichtspunkt das Training ausgerichtet ist, werden sich seine Auswirkungen in anderen Aspekten Ihres Lebens widerspiegeln.

Über die Theorie der Belastbarkeit gibt es reichlich Forschung. Nachfolgend sind einige dieser Erkenntnisse aufgeführt:

Professor Michael Rutter stellte die Theorie auf, dass Belastbarkeit ein interaktiver Prozess ist, bei dem man Stressoren ausgesetzt ist, die letztlich ein positives Ergebnis für die Person haben. Er fand auch heraus, dass eine kurze Auseinandersetzung mit wichtigen Stressoren, wie z. B. einer Entlassung, einer Katastrophe oder der Trennung von einem geliebten Menschen, die eigene Belastbarkeit triggern und beeinflussen kann. Seine Ergebnisse unterstützten die Wahrscheinlichkeit, dass die Genetik eine Rolle dabei spielt, wie stark die Belastbarkeit ist, mit der man geboren wird.

Norman Garmezy fand heraus, dass unsere Unterschiede als Individuen eine wichtige Rolle bei der Bestimmung des Belastbarkeitsniveaus einer Person spielen. Die Familie, die Gemeinschaft und das soziale Umfeld können Ihre temperamentvollen Fähigkeiten beeinflussen, sowie Ihre Sichtweise und Reaktion auf Stress. Schließlich stellte er die Theorie auf, dass Interventionen zur Entwicklung oder Stärkung der Belastbarkeit alle individuellen und umgebungsbedingten Faktoren umfassen müssen, da die Auseinandersetzung mit einer

Person nicht dazu beiträgt, die Belastbarkeit insgesamt aufzubauen.

Dr. Emmy Werner war die erste Person, die entdeckte, dass die Belastbarkeit eine Variable ist, die sich im Laufe der Zeit verändert und sich je nach Alter und Geschlecht unterscheidet. Sie stellte fest, dass wir je nach unserem Alter oder Geschlecht unterschiedlich stark auf unterschiedliche Stressoren reagieren werden.

Dr. Michael Ungar entwickelte das Konzept der „7 Spannungen", die unsere emotionale Belastbarkeit testen. Er stellte fest, dass sie in allen Kulturen vorhanden sind, aber die Art und Weise, wie wir auf sie reagieren, wird von unseren kulturellen Überzeugungen beeinflusst. Bei diesen 7 Spannungen handelt es sich um materielle Ressourcen, Ihre Identität, kulturelle Konformität, Ihre Beziehungen, soziale Gerechtigkeit, Zusammenhalt und schließlich um Autonomie und Kontrolle.

Diese Theorien haben sich darauf ausgewirkt, wie wir die emotionale Belastbarkeit betrachten. Sie spielen auch eine Rolle bei der Art und Weise, wie wir an ihrer Entwicklung arbeiten.

Buddha sagte einmal, dass das Geheimnis der geistigen und körperlichen Gesundheit nicht darin besteht, der Vergangenheit nachzutrauern, sich um das Kommende zu sorgen oder Problemen vorzugreifen, sondern ernsthaft und weise im gegenwärtigen Augenblick zu leben. Dazu müssen Sie Folgendes tun:

- Fördern Sie Ihre Selbstakzeptanz.
- Verbessern Sie Ihre Fähigkeiten zur Stressbewältigung.
- Bauen Sie Ihr Selbstwertgefühl auf.
- Seien Sie achtsam, konzentriert und in der Gegenwart präsent.
- Seien Sie weise, wenn Sie Emotionen ausdrücken.
- Reagieren Sie auf Stress in einer Weise, die weder Sie noch die Menschen um Sie herum beeinträchtigt.

Nachfolgend sind einige Übungen aufgeführt, mit denen Sie Ihre emotionale Belastbarkeit entwickeln können:

1. Die Kraft des positiven Denkens

Nehmen Sie sich etwas Zeit und schreiben Sie ein paar Gedanken auf, die Sie beunruhigen. Außerdem schlägt Chowdhury vor, einen positiven Gedanken aufzuschreiben, um den beunruhigenden Gedanken zu ersetzen. So kann z. B. „Ich habe Probleme mit meinen Finanzen" ersetzt werden durch „Ich sollte mich von Freunden, Familie oder einem Experten finanziell beraten lassen." Oder „Ich werde das nicht schaffen" kann ersetzt werden durch „Lass es mich versuchen, was ist das Schlimmste, was passieren kann?" Dies ist eine einfache Methode, um zu zeigen, wie leicht Sie Ihre Sicht der Dinge ändern können.

2. Mehr Dankbarkeit zeigen

Dankbarkeit ist eine ziemlich starke Emotion, die entsteht, wenn wir lernen, das zu schätzen, was wir haben, anstatt uns über das zu beschweren und uns darüber aufzuregen, was wir nicht besitzen oder verloren haben. Ein Mangel an Dankbarkeit hält uns davon ab, voranzukommen und vermindert unsere Fähigkeit, uns zu erholen. Versuchen Sie, ein Dankbarkeitstagebuch zu führen, in dem Sie alles auflisten, wofür Sie dankbar sind, auch in stressigen Zeiten. Wenn Sie das Tagebuch füllen, werden Sie daran erinnert, dass es gute Dinge im Leben gibt, für die es sich zu leben lohnt. Sie können beispielsweise damit beginnen, Ziele aufzuschreiben, die Sie in dieser Woche erreicht haben oder was Sie vielleicht haben, das anderen fehlt oder Gründe, warum Sie Ihrer Familie dankbar sind, oder zehn gute Dinge, die Ihnen widerfahren sind, usw.

3. Selbsterkenntnis gewinnen und sich selbst einschätzen

Selbsterkenntnis bedeutet, zu wissen, wie unser Verstand funktioniert, indem wir ein tieferes Verständnis dafür bekommen, was zu einer bestimmten Situation geführt hat, wie wir uns entscheiden, darauf zu reagieren, und welche Folgen unsere Reaktionen und die von ihnen hervorgerufenen Emotionen haben. Machen Sie eine

Liste mit vier Spalten, wobei die erste Spalte den Stressor, die zweite seine Ursache, die dritte Ihre Reaktion und die vierte die Folgen aufzeigt. Wenn Sie diesen Prozess erkennen und sich mit ihm vertraut machen, können Sie die Kraft gewinnen, mit Problemen effektiver umzugehen. Suchen Sie nach Gelegenheiten, etwas über sich selbst herauszufinden. Vielleicht überrascht es Sie, dass Sie durch die Bewältigung bestimmter Herausforderungen in gewisser Weise gewachsen sind. Dazu können u. a. bessere Beziehungen, ein stärkeres Selbstwertgefühl, eine größere Wertschätzung für das Leben und auch Stärke infolge von Widrigkeiten gehören.

4. Einsatz von Techniken zur Stressbewältigung

Wir sind mit den verschiedenen Möglichkeiten, wie wir mit unserem Stress umgehen und ihn bewältigen können, recht vertraut, aber wir nutzen sie nur selten. Dabei lassen wir uns offen, dem Stress und seinen Auswirkungen zu erliegen. Auf Ihrem Weg zur Entwicklung Ihrer emotionalen Belastbarkeit müssen Sie diese verschiedenen Bewältigungsmechanismen nutzen. Dazu gehören u. a. Meditation, Achtsamkeit, tiefes Atmen, Lachen und Gespräche mit anderen.

5. Beziehungen mit anderen pflegen und ein Unterstützungssystem aufbauen

Wie ich bereits sagte, ist es wichtig, gute Beziehungen zu Familienmitgliedern, Freunden und allen, die Ihnen wichtig sind, zu pflegen. Hilfe und Unterstützung von ihnen anzunehmen, kann dazu beitragen, Ihre emotionale Belastbarkeit zu stärken. Manche Menschen haben die Erfahrung gemacht, dass es auch Vorteile für den Helfer selbst hat, indem man sich z. B. glücklich fühlt, weil man jemand anderem helfen kann. Sie können sich Gruppen anschließen, wie z. B. religiösen Gruppen, Bürgerinitiativen oder jeder örtlichen Selbsthilfegruppe, die Ihnen das Gefühl geben, Teil von etwas zu sein.

6. Sich selbst eine Pause gönnen

Seien Sie freundlicher zu sich selbst, da es Ihnen helfen kann, den Druck zu verringern, den Sie in stressigen Situationen verspüren. Sie können dies erreichen, indem Sie verschiedene Dinge tun, z.B. sich selbst für Ihre Leistungen belohnen, egal wie klein sie sind, eine Pause einlegen und vielleicht in den Urlaub fahren oder sich verwöhnen lassen. Sie sollten Konflikte lösen, anstatt sich von ihnen quälen zu lassen. Machen Sie einen Tapetenwechsel, der Ihnen hilft, sich neu zu orientieren und lernen Sie, sich für Ihre Fehler und Mängel zu entschuldigen.

Auch das sollten Sie beachten:

- Ihre Gedanken beeinflussen Ihr Handeln.
- Es ist wichtig, Stress anzuerkennen und bereit zu sein, wirksam mit ihm umzugehen.
- Seien Sie Veränderungen gegenüber aufgeschlossen und flexibel, wenn Sie sich an ungewohnte Situationen anpassen.
- Lernen Sie, die Wahrheit zu akzeptieren, indem Sie Ihre Reaktion auf Stress verändern.
- Fördern Sie Ihr Einfühlungsvermögen, damit Sie Ihr inneres Ich stärken.
- Akzeptieren Sie Ihre Fehler und lernen Sie aus ihnen.

Die Entwicklung von Belastbarkeit hilft Ihnen, Ihr Selbstwertgefühl, Ihre Achtsamkeit, Ihre Beziehungen, Ihre Flexibilität, Ihre spirituelle Freiheit und Ihre Perspektive zu verbessern. Belastbarkeit kann Ihnen auch dabei helfen, einen aufgeschlossenen Geist zu erhalten, Ihre Emotionen besser zu bewältigen und einige positive Stressbewältigungstechniken zu erlernen.

KAPITEL 7:

Wirksame Wege zum
Aufbau mentaler Stärke

Mentale Stärke spielt eine entscheidende Rolle bei der Entwicklung von Belastbarkeit. Es ist entscheidend, Ihre mentale Willenskraft zu stärken, damit Sie das Beste aus Ihrem Leben machen können. Doch was ist mentale Stärke und wie können Sie sie entwickeln? Lassen Sie uns einen tieferen Blick auf die mentale Belastbarkeit und die Möglichkeiten werfen, wie Sie diese aufbauen können.

Was ist mentale Belastbarkeit?

„Wie man geistig stark wird: 14 Strategien zum Aufbau von Belastbarkeit" von Ribeiro definiert mentale Stärke als die Fähigkeit eines Menschen, mit Stressfaktoren, Druck und Herausforderungen effektiv umzugehen. Es ist auch die Fähigkeit, durchzuhalten und das Beste aus sich herauszuholen, unabhängig von der Situation, in der man sich befindet. Es ist jedoch schwierig, die mentale Stärke exakter zu beschreiben, da mentale Gewohnheiten im Vergleich zu Kognition, Einstellung und den Ergebnissen, die mit der mentalen Stärke verbunden sind, direkter beobachtet werden.

Mentale Stärke ist förderlich für ein optimales Leben. Ähnlich wie wir körperliche Stärke durch Training entwickeln, können wir unsere mentale Stärke aufbauen, indem wir Hilfsmittel und Methoden anwenden, die darauf abzielen, unsere mentale Kapazität zu schärfen. Eine optimale psychische Gesundheit ermöglicht es uns, das Leben in vollen Zügen zu genießen, sinnvolle Beziehungen und Verbindungen zu knüpfen und gleichzeitig ein positives Selbstwertgefühl zu gewinnen. Sie hilft uns, die Angst und Furcht zu reduzieren, die uns daran hindern könnten, Neues auszuprobieren, Risiken einzugehen und mit Unsicherheit und schwierigen Situationen umzugehen. Hier ist ein Beispiel dafür, wie mentale Stärke jemandem geholfen hat, eine schwierige Situation zu überstehen.

Als Danelle Ballengee ihre übliche Joggingrunde in der Nähe von Moab startete, sollte es eigentlich nur ein gewöhnlicher Lauf werden. Doch an diesem Dienstagmorgen würde die zweifache Weltmeisterin im Extreme Adventure Racing einen der schwierigsten Momente in ihrem Leben erleben. Sie lief mit ihrem Hund Taz, der es liebte, mitzumachen. Auf halber Strecke rutschte Danelle auf einer Eisfläche aus und stürzte eine steile Felswand hinunter, wobei sie auf dem Weg nach unten auf mehrere Felsvorsprünge stieß. Schließlich landete sie etwa 25 Meter unterhalb der Strecke. Der Aufprall des Sturzes zertrümmerte ihr Becken, verursachte innere Blutungen und sie war voller Schnitt- und Schürfwunden.

Sie versuchte, sich in Sicherheit zu begeben, aber sie hatte so starke Schmerzen, dass sie nur 500 Meter in fünf Stunden schaffte. Ihr Hund Taz leistete ihr Gesellschaft, während sie Hilfe suchte. Dank ihres Hundes wurde sie knapp drei Tage später gefunden. Sie wurde sofort ins Krankenhaus gebracht und am Becken operiert, da es an vier Stellen gebrochen war. Danach musste sie monatelang eine schmerzhafte Rehabilitation machen. Schwere Emotionen plagten Sie, wie z. B. die Frage, ob sie jemals wieder laufen könnte.

Nach monatelanger Therapie war sie jedoch wieder in der Lage, zu gehen und zu laufen, und sie belegte den fünften Platz in einem 100 km Abenteuerrennen, welches Radfahren in den Bergen, Kajak fahren, einen Seilgarten laufen und vieles mehr beinhaltete. Da sie mental belastbar war, konnte Danelle ihr Trauma und die schwierigen Emotionen, die sie während der Physiotherapie erlebt hatte, rational verarbeiten, indem sie sich auf ihre Ziele der Genesung und des Comebacks im Wettkampf konzentrierte. Bevor sie gerettet wurde, gab ihr Hund ihr die emotionale Unterstützung, die sie brauchte, um nicht aufzugeben.

Mentale Belastbarkeit bedeutet, tägliche Gewohnheiten und Verhaltensweisen zu entwickeln, die Ihnen helfen, Ihre Belastbarkeit aufzubauen und auch die negativen Gewohnheiten und Verhaltensweisen abzulegen, die Sie bremsen. Um Ihre mentale Belastbarkeit aufzubauen, müssen Sie sich dafür entscheiden, Ihre persönliche Entwicklung zur Priorität zu machen. Die Schritte, die Sie unternehmen, um sich zu verbessern, wie z. B. indem Sie Achtsamkeit und Dankbarkeit üben, können ebenfalls dazu beitragen, Ihre mentale Stärke zu entwickeln. Zudem müssen Sie schlechte Gewohnheiten aufgeben, wie Selbstmitleid, Überheblichkeit, Perfektionismus usw. Sobald Sie diese Hilfsmittel zur mentalen Stärkung anwenden, besteht der Schlüssel zur wirklichen Stärkung Ihres mentalen Muskels darin, ihn zu trainieren.

Während Stressoren manche Menschen sehr stark belasten, nehmen geistig starke Menschen diese aufgrund Ihres Optimismus selbstbewusst an. Sie betrachten Stressfaktoren eher als eine Möglichkeit und nicht als eine Bedrohung. Wenn Sie mentale Stärke entwickeln, ist es unerlässlich, dass Sie verstehen, was es bedeutet, mental stark zu sein. Belastbarkeit wird dadurch entwickelt, dass man subjektiv empfundenen Stress durchmacht und in der Lage ist, diesem mehr Aufmerksamkeit zu schenken und sich Raum zu schaffen, damit Sie, in Übereinstimmung mit Ihren Grundwerten, überlegt handeln können. Es ist vergleichbar mit der Entwicklung psychologischer Flexibilität, d. h. der Fähigkeit einer Person, bewusste Entscheidungen zu treffen, die auf den Umständen basieren und die es dieser Person erlauben, ihr Verhalten gemäß den gewählten Werten zu ändern oder beizubehalten.

Einfach gesagt bedeutet es, dass man seine Gedanken und Gefühle weniger ernst nimmt und auf langfristige Werte und Ziele hinarbeitet, anstatt auf kurzfristige Gedanken, Impulse und Gefühle. Stellen Sie sich psychologische Flexibilität so vor, dass Sie lernen, eher nachdenklich als impulsiv auf Stress zu reagieren. Sie ist ein integraler Bestandteil der psychischen Gesundheit und Leistungsfähigkeit.

Dr. Archer und Collins beschreiben die psychologische Flexibilität in ihrem Artikel „Was ist psychologische Flexibilität?" als einen Maßstab dafür, wie wir uns an die Anforderungen von Situationen anpassen, wie wir unsere psychischen Ressourcen neu konfigurieren und unsere Perspektive ändern. Des Weiteren misst psychologische Flexibilität, wie aufgeschlossen wir gegenüber Verhaltensweisen sind, die mit unseren Grundwerten übereinstimmen, und wie wir ein Gleichgewicht zwischen Wünschen, Bedürfnissen und anderen Teilen unseres Lebens herstellen. Es ist entscheidend zu verstehen, was psychologische Flexibilität ist, denn unsere Gedanken und Gefühle neigen dazu, unvorhersehbare Indikatoren von langfristigem Wert zu sein. Wenn wir auf ihrer Grundlage handeln, neigen wir dazu, wichtigere nachhaltige Muster zu übersehen, die unserem Leben Sinn, Vitalität und Reichtum verleihen.

Früher wurden positive Emotionen, Gedanken und die Befriedigung psychologischer Bedürfnisse, wie Autonomie, Zugehörigkeit, Kompetenz usw., als Grundlage für den Aufbau psychologischer Gesundheit angesehen. Studien haben jedoch gezeigt, dass diese Faktoren, obwohl sie für die psychische Gesundheit wichtig sind, viele der sich verändernden, widersprüchlichen Kräfte nicht abdecken, die entstehen, wenn Menschen sich in ihrer Umgebung und sozialen Welt bewegen. Wenn Sie also Ihre psychologische Flexibilität aufbauen, können Sie Ihre psychische Gesundheit und Belastbarkeit verbessern.

Wie man mentale Stärke entwickelt

Ich habe bereits die Vorteile des Aufbaus einer mentalen Stärke erwähnt, einschließlich der Verringerung von Angst und Stress und der Stärkung des Selbstvertrauens und der Wertschätzung. Gleichzeitig wird man mit den Fähigkeiten ausgestattet, die man braucht, um schwierige Situationen zu meistern. Jeffrey erläutert in seinen „7 Schritten zur Entdeckung Ihrer persönlichen Grundwerte", wie Ihnen Widerstandsfähigkeit beim Überleben hilft, während mentale Stärke Ihnen nützt, angesichts dieser Widrigkeiten zu gedeihen. Das beginnt damit, dass man sich bewusst macht, was einem durch den Kopf geht, ohne diese Gedanken oder Gefühle zu verurteilen, und dann den Antrieb findet, der nötig ist, um positive Gedanken über die Situation, in der man sich befindet, zu entwickeln. Um Ihnen zu helfen, Ihre mentale Stärke zu entfalten, befolgen Sie die unten aufgeführten Tipps.

Identifizieren Sie Ihre Grundwerte

Wir erfahren größere Erfüllung, wenn wir nach unseren Werten leben. Sie sind ein Teil von uns und zeigen, wofür wir stehen - im Grunde repräsentieren sie unser individuelles Wesen. Sie kontrollieren, wie wir uns verhalten, indem sie einen persönlichen Verhaltenskodex vorgeben. Wenn wir sie nicht ehren, geraten wir in emotionale, mentale und manchmal auch physische Unruhen. Für einige geht es dabei um die Gesundheit, für andere um finanzielle Stabilität, berufliche Entwicklung, Familie usw.

Leider wissen nicht viele Menschen, was ihre Werte sind und wir verstehen selten, was uns wirklich wichtig ist. Stattdessen konzentrieren wir uns auf unsere sozialen, medialen und kulturellen Werte. Können Sie sich fünf Dinge vorstellen, die Sie am meisten schätzen, seien es Prinzipien, nach denen Sie leben, oder Aspekte Ihres inneren Ichs? Ohne diesen Selbstfindungsprozess kann es schwierig sein, zu wissen, was Ihre wahren Werte sind, und Sie können am Ende nur darüber theoretisieren, was Sie schätzen sollten. Sie sollten verstehen, dass dies eine herausfordernde Aufgabe ist, die von Ihnen Ehrlichkeit, Entschlossenheit und Geduld abverlangt.

Sie können diese Schritte befolgen, um Ihre Grundwerte zu bestimmen:

a) Machen Sie Ihren Kopf frei und nehmen Sie die Denkweise eines Anfängers an - jemand, der keine vorgefassten Vorstellungen darüber hat, wie die Grundwerte aussehen sollten. Das wird Ihnen den Zugang zu Ihren innersten Gedanken ermöglichen und Sie in den richtigen mentalen und emotionalen Zustand bringen.

b) Listen Sie Ihre persönlichen Werte auf. Die Erstellung dieser Liste kann eine entmutigende Aufgabe sein, aber es wird Ihnen helfen, Ihre Werte zu entdecken. Wenn Sie Schwierigkeiten haben, Ihre Werte zu bestimmen, können Sie Ihre Höhepunkte noch einmal Revue passieren lassen. Denken Sie an Ihre schönsten Momente und überlegen Sie, warum Sie sie schätzen. Tun Sie jetzt das genaue Gegenteil und denken Sie an eine Zeit, in der Sie verärgert oder wütend waren und fragen Sie sich, was passiert ist, wie Sie sich gefühlt haben und welcher Ihrer Werte nicht geehrt wurde und Sie zu dieser Reaktion veranlasst hat. Letztlich denken Sie an Ihren eigenen Verhaltenskodex. Was halten Sie außer Ihren Grundbedürfnissen noch für wichtig? Ist es Ihre Kreativität? Oder Ihre Gesundheit? Die Lösung dieser Fragen wird Ihnen helfen, Ihre Werte zu erkennen.

c) Gruppieren Sie Ihre persönlichen Werte in ähnliche Kategorien. Nehmen Sie die Liste, die Sie im vorherigen Schritt erstellt haben, und gruppieren Sie alle Werte, die miteinander in Beziehung stehen könnten. Werte, wie Rechtzeitigkeit und Verantwortung, stehen in Beziehung zueinander, ebenso wie Zugehörigkeit und Intimität usw.

d) Identifizieren Sie das wiederkehrende Thema in jeder Gruppe. Wenn zu einer Wertgruppe beispielsweise Ehrlichkeit, Integrität, Geradlinigkeit und Wahrheit gehören, wählen Sie ein Wort, das all diese Werte zusammenfasst. In diesem Fall wäre es Integrität, weil es in diesen Werten ein wiederkehrendes Thema ist. Tun Sie dies für all Ihre Gruppen, bis Sie eine kürzere Liste als die vorherige haben.

e) Bestimmen Sie Ihre wichtigsten Grundwerte, denn Ihre Liste könnte auch nach dem vorherigen Schritt noch recht lang sein. Fragen Sie sich, welche Werte für Ihr Leben lebenswichtig sind. Welche repräsentieren Ihre Art und Weise am besten? Welche sind entscheidend für die Unterstützung Ihres inneren Selbst? Die Beantwortung dieser Fragen wird Ihnen helfen, die Liste weiter zu filtern und Ihre Grundwerte herauszuarbeiten. Ordnen Sie sie nach ihrer Wichtigkeit, aber machen Sie diesen Schritt nicht in einer Sitzung. Nachdem Sie eine Runde abgeschlossen haben, schlafen Sie darüber und kommen Sie am nächsten Tag wieder darauf zurück, um ganz sicher zu sein, dass die Einstufung Ihrer Werte richtig ist. Nun sollten Sie eine Liste Ihrer Grundwerte haben.

Wenden Sie die vier Grundprinzipien der mentalen Stärke an

Die Techniken der mentalen Belastbarkeit drehen sich um diese Themen:

- Ängste kontrollieren
- Visualisierung
- Positiv denken
- Ziele setzen
- Aufmerksamkeit kontrollieren

In einem Artikel in *Positive Psychology* von Ribeiro heißt es, dass die vier Grundprinzipien der mentalen Stärke vier geistige Eigenschaften beschreiben, die man besitzen kann, um seine mentale Stärke zu erhöhen. Das Erlangen einer oder mehrerer dieser Eigenschaften ist der Schlüssel zum Erfolg. Diese Eigenschaften werden nachfolgend näher erläutert:

- Engagement: Hier geht es um das Ausmaß Ihrer persönlichen Konzentration und Zuverlässigkeit. Ein hohes Maß an Engagement bedeutet, dass Sie sich effektiv und konsequent Ziele setzen können, ohne den Fokus zu verlieren. Es zeigt, dass Sie gut darin sind, Routinen und Gewohnheiten zu schaffen und diese beizubehalten. Ein niedriges Maß bedeutet, dass Sie Schwierigkeiten haben,

Routinen zu schaffen, Ziele zu priorisieren oder sich an neue Gewohnheiten anzupassen. Sie lassen sich auch leicht von Ihren Gefühlen, anderen Menschen oder konkurrierenden Aufgaben ablenken.

- Kontrolle: Dies beinhaltet, das Ausmaß Ihrer Kontrolle in Ihrem Leben zu analysieren, einschließlich Ihrer Gedanken, Emotionen und Ihrem Lebenssinn. Diese Komponente ist mit Selbstachtung und Selbstvertrauen verbunden. Wenn Sie ein hohes Maß an Kontrolle haben, fühlen Sie sich unabhängig von den Umständen wohl und Sie haben Selbstvertrauen. Sie sind auch in der Lage, Ihre Emotionen zu kontrollieren und es ist weniger wahrscheinlich, dass Sie aus einem Impuls heraus oder aufgrund einer emotionalen Reaktion handeln. Es zeigt, dass Sie mehr mentale Stärke haben als jemand mit weniger Kontrolle, der leicht von seinen Gedanken, Emotionen und Umständen beeinflusst wird.

Diese beiden Komponenten repräsentieren den belastbaren Teil des Aufbaus geistiger Stabilität. Denn die Fähigkeit, sich von Widrigkeiten zu erholen, bedeutet, zu wissen, dass Sie die Kontrolle haben und Ihre Situation ändern können. Sie erfordert auch, dass Sie sich konzentrieren, neue Gewohnheiten annehmen und diese beibehalten.

- Vertrauen: Im Mittelpunkt steht hier Ihr Glaube an Ihre Fähigkeiten, produktiv und fähig zu sein. Dies wird bezeichnet als Ihr Selbstvertrauen und Ihre Fähigkeit, andere zu beeinflussen. Am oberen Ende dieser Skala zu stehen, bedeutet, dass Sie zuversichtlich sind, dass Sie Aufgaben bewältigen, Rückschläge gut verkraften, dabei Ihre normale Routine beibehalten und an all dem wachsen können. Am unteren Ende der Skala zu stehen, bedeutet, dass es Ihnen an Selbstvertrauen fehlt.

- Herausforderung: Hier geht es um Ihre Tatkraft und Anpassungsfähigkeit. In der Lage zu sein, ein hohes Maß an

Herausforderung anzunehmen, bedeutet, dass Sie ange-
trieben werden, Ihre Ziele zu erreichen und dass Sie Herausforderungen, Rückschläge und Misserfolge als
Lektionen und Möglichkeiten zur Verbesserung betrachten. Sie sind geistig flexibel und beweglich. Auf der anderen
Seite zu sein bedeutet, dass Sie von Herausforderungen bedroht sind und Risiken vermeiden, weil Sie Angst haben,
zu versagen.

Setzen Sie Ihre geistige Energie sorgfältig ein und lernen Sie, mentale Ausdauer zu entwickeln

Sie können Ihre geistige Energie schnell erschöpfen, indem Sie
sich mit dem beschäftigen, was Sie nicht kontrollieren können.
Wenn Sie sich beispielsweise über das Wetter Sorgen machen,
wird sich daran nichts ändern und Sie können es nicht verhindern,
aber Sie können sich darauf vorbereiten. Bewahren Sie Ihre
geistige Energie für produktivere Aufgaben auf, zu denen das
Setzen von Zielen oder das Lösen von Problemen gehören kann.
Lernen Sie, geistig energieraubende Menschen und Umstände zu
erkennen und sie zu vermeiden, wann immer Sie können. Indem
Sie regelmäßig üben, wie Sie Ihre geistige Ausdauer entwickeln
und Ihre geistige Energie sorgfältiger einsetzen, können Sie dies
zur Gewohnheit werden lassen.

Üben Sie Positivität, indem Sie negative Gedanken durch produktive ersetzen

Durch Achtsamkeit können Sie sich Ihrer Gedanken bewusst
werden und Ihre mentale Stärke und Widerstandskraft
verbessern. Selbstzerstörerische Gedanken, wie z. B. zu sagen,
dass Sie etwas nicht tun können oder zu denken, dass Sie nicht gut
genug sind, können Sie davon abhalten, Ihr Leben in vollen Zügen
zu genießen. Diese Gedanken können außer Kontrolle geraten und
auch Ihr Verhalten beeinflussen. Entwickeln Sie Ihren geistigen
Muskel, indem Sie negative Gedanken erkennen und durch
positive, produktive Gedanken ersetzen. Die Gedanken müssen

nicht übermäßig positiv sein, aber sie sollten realistisch sein. Sie können beispielsweise Ihre Schwächen anerkennen, aber im gleichen Atemzug einräumen, dass Sie auch Stärken haben.

Denken Sie über Ihre Fortschritte nach

Finden Sie Zeit, um über die Fortschritte, die Sie bei der Entwicklung Ihres geistigen Muskels machen, nachzudenken und diese zu beobachten. Finden Sie heraus, was Sie über sich selbst, Ihre Gedanken, Gefühle und Verhaltensweisen gelernt haben. Denken Sie dabei daran, dass die Entwicklung geistiger Belastbarkeit ein Prozess ist. Nehmen Sie sich also die Zeit, um zu schätzen, was Sie erreicht haben und wie weit Sie gekommen sind.

Lernen Sie, mit Schmerzen umzugehen

Schmerz verlangt danach, gefühlt zu werden. Erst wenn wir uns entscheiden, ihn zu bekämpfen, zu vermeiden oder zu unterdrücken, verwandelt er sich in Leiden. Anstatt den Schmerz zu verbergen oder zu vermeiden, mit ihm umzugehen, sollten Sie sich dafür entscheiden, ihn zu erfahren. Eine Möglichkeit, dies zu tun, ist Achtsamkeit und Meditation. Diese beiden Praktiken lehren Sie, bewusster zu sein, und wenn Sie dieses Bewusstsein erlangen, können Sie Ihren Schmerz akzeptieren. Das hilft, die Auswirkungen, die der Schmerz auf Sie hat, zu verringern. Es hat sich gezeigt, dass Individuen durch Meditation die Auswirkungen einer schmerzhaften Erfahrung lindern und die Fähigkeit entwickeln können, anders auf Schmerzen zu reagieren. Anstatt auf den Schmerz zu reagieren und die Stressreaktion des Körpers auszulösen, erkennen sie den Schmerz an, spüren ihn und lassen ihn dann los.

Ein Mantra entwickeln

Die Zeitschrift *Brain and Behavior* veröffentlichte die Ergebnisse einer Studie aus dem Jahr 2015, die zeigte, dass das Rezitieren eines Mantras, egal ob es sich dabei um einen Satz oder ein einzelnes Wort handelt, dazu beiträgt, das Gehirn beschäftigt zu halten und so unnötiges Überdenken zu verhindern. Dies wird als *Mantra-Effekt* bezeichnet. Ein Mantra ist eine längere, wiederholte Äußerung und gehört zu den vielen mentalen Praktiken, die zum Abbau von Ängsten und Stress eingesetzt werden. Laut Stulberg, dem Autor von „Wie Sie durch Mantras mentale Stärke gewinnen", haben sich wiederholende, meditative Praktiken als wirksam erwiesen, insbesondere auf intrinsische, selbstbezogene mentale und emotionale Prozesse. Es hat sich gezeigt, dass wiederholte Sprechübungen eine signifikante Verringerung obsessiver Denkprozesse bewirken und bei Personen, die Mantra-Meditationen praktizieren, eine lang anhaltende beruhigende psychologische Wirkung erzeugen.

Die Vorteile mentaler Stärke

i. Sie gewinnen emotionale Stabilität, die es Ihnen ermöglicht, unter Druck bessere Entscheidungen zu treffen. Es hilft Ihnen, Ihre Fähigkeit zu bewahren, objektiv zu bleiben und trotz Ihrer Gefühle so zu handeln, wie Sie es normalerweise tun würden.

ii. Es hilft Ihnen, eine andere Perspektive zu gewinnen und schwierige Situationen durchzustehen. Es hilft Ihnen, auch in schwierigen Situationen den Blick für das Wesentliche zu bewahren.

iii. Mit mentaler Stärke nehmen Sie Veränderungen bereitwillig an, weil Sie verstehen, dass sie unvermeidlich sind. Während Sie Ihre mentale Stärke aufbauen, entwickeln Sie auch Anpassungsfähigkeit und Flexibilität in Ihrer Denkweise.

iv. Geistige Stärke ermöglicht es Ihnen, sich von einer Situation zu lösen und zu verstehen, dass es nicht um Sie geht. Anstatt Zeit damit zu verschwenden, darüber nachzudenken, warum das alles mit Ihnen geschieht, können Sie diese Zeit nutzen, um sich auf das zu konzentrieren, was Sie kontrollieren können, z. B. wie Sie reagieren.

v. Sie hilft Ihnen, eine Widerstandsfähigkeit zu entwickeln, die Sie stärkt und Ihnen hilft, besser mit Stress, Angst und Furcht umzugehen. Sie bereitet Sie auch auf Herausforderungen und Widrigkeiten vor, indem sie Ihnen hilft, Emotionen zu akzeptieren und die Kontrolle über sie zu behalten. Sie sind in der Lage, Ihren Fokus beizubehalten und die richtige Einstellung gegenüber Hindernissen und Unsicherheiten zu entwickeln.

vi. Sie können sich darauf konzentrieren, das zu tun, was für Sie am besten ist, weil Sie sich nicht darum sorgen, anderen zu gefallen. Dieses Gefühl des Selbstvertrauens und der Selbstsicherheit gewinnen Sie, wenn Sie geistig stark sind.

vii. Sie üben sich in Ihren Handlungen mit mehr Geduld und handeln nicht aus einem Impuls heraus. Wann immer unsere Emotionen erhöht sind, neigen wir dazu, vorschnelle Entscheidungen zu treffen. Während Sie Ihre geistigen Fähigkeiten ausbauen, beginnen Sie, zu verstehen, dass alles, was sich lohnt, Zeit braucht und dass Sie daran arbeiten müssen. Das bezieht sich darauf, zu akzeptieren, dass man sich in einem Prozess befindet und dass das in Ordnung ist.

Daskal stellt in ihrem Artikel „18 kraftvolle Wege zum Aufbau Ihrer mentalen Stärke" fest, dass Sie durch die Anwendung dieser Tipps Ihre mentale Stärke aufbauen und der Kontrolle über Ihren Stress einen Schritt näherkommen können.

KAPITEL 8

Entspannungstechniken

Entspannung bedeutet für die meisten Menschen, sich nach einem langen Tag vor den Fernseher zu begeben, auf der Couch zu liegen und sich auszuruhen. Diese Art der Entspannung trägt jedoch nur sehr wenig dazu bei, die Auswirkungen des Stresses, unter dem Sie den ganzen Tag über standen, zu verringern. Anstatt die Entspannungsreaktion Ihres Körpers zu aktivieren, lenkt sie Sie lediglich vom Umgang mit dem Stress ab. Stress kann Ihrem Körper viel Schaden zufügen, wenn er unkontrolliert bleibt. Deshalb müssen Sie Wege finden, mit Ihren Stressoren umzugehen und Ihren Stress zu bewältigen. Es gibt verschiedene Möglichkeiten, mit Stress umzugehen. Eine davon sind Techniken, die darauf abzielen, die Entspannungsreaktion Ihres Körpers auszulösen.

Denken Sie daran, dass keine einzelne Entspannungstechnik für alle funktioniert, weil wir alle unterschiedlich sind. Deshalb müssen Sie die für Sie richtige Methode finden. Es sollte etwas sein, das zu Ihrer Lebensweise passt und Ihren Geist die Entspannungsreaktion auslösen lässt. Um die richtige Entspannungstechnik zu finden, müssen Sie vielleicht einige ausprobieren, aber Sie werden die für Sie beste Methode oder Kombination von Methoden finden. Wenn Sie sie gefunden haben, können Sie sie anwenden, um mit Ihrem Stress und Ihrer Angst umzugehen, Ihre Stimmung und Ihr Energieniveau zu heben und Ihre Gesundheit im Allgemeinen zu verbessern. Wenn Sie diese Entspannungsmethoden praktizieren, und sei es auch nur für ein paar Minuten am Tag, können diese Sie beruhigen und dazu beitragen, Ihren Stress abzubauen.

Die Entspannungsreaktion

Die Entspannungsreaktion ist ein Begriff, der von Dr. Herbert Benson, einem Kardiologen, Autor, Professor und Gründer des *Harvard Mind/Body Medical Institute*, geprägt wurde. Er definierte diese Reaktion als die Fähigkeit einer Person, ihren Körper dazu zu bringen, Gehirnsignale auszulösen und Chemikalien freizusetzen, die ihre Organe und Muskeln verlangsamen und gleichzeitig den Blutfluss zum Gehirn erhöhen. Sie ist das Gegenteil der *Kampf-oder-Flucht-Reaktion*, unseres Überlebensmechanismus, der ausgelöst wird, wenn wir uns überwältigt, ängstlich oder gestresst fühlen.

In Kapitel eins haben wir darüber gesprochen, was passiert, wenn unser Körper in den Kampf- oder Fluchtmodus übergeht. Unsere Herzfrequenz und unser Blutdruck steigen, und Cortisol, Adrenalin und andere Stress-Chemikalien werden freigesetzt. Diese Chemikalien erhöhen unsere Energie und führen dazu, dass sich unsere Muskeln anspannen, um auf das, was passieren könnte, vorbereitet zu sein. Wenn dieser erhöhte Zustand jedoch anhält, kann er schädliche Auswirkungen auf den Körper haben. Deshalb müssen wir ihn mildern, indem wir die Entspannungsreaktion auslösen.

In dem Artikel „Das Anwenden der Entspannungsreaktion zum Stressabbau" stellt MacDonald fest, dass die Entspannungsreaktion eintritt, wenn unser Körper nicht mehr in Gefahr ist und sich unsere Körperfunktionen wieder normalisieren - d. h. Puls und Blutdruck sinken, die Atmung verlangsamt sich und unsere Muskeln entspannen sich. Während der Entspannungsreaktion geht Ihr Körper von einem physiologisch erregten oder aufmerksamen in einen ruhigeren Zustand über. Diese Ruhe wird erreicht, indem das, was die Stressreaktion ausgelöst hat, rückgängig gemacht wird.

- Ihre Herzfrequenz und Ihr Blutdruck werden gesenkt.
- Ihre Verdauungsfunktionen und Ihr Immunsystem werden wieder normalisiert.
- Der Blutfluss zu Ihren Gliedmaßen ist wieder erhöht.
- Cortisol, Adrenalin und andere Stresshormone werden nicht mehr ausgeschüttet.

Die Entspannungsreaktion auslösen

In der Antike half uns unsere Stressreaktion dabei, zu überleben. Sie wurde immer dann ausgelöst, wenn wir durch Bedrohungen, wie z. B. durch Raubtiere, in Gefahr waren. Heutzutage wird sie jedoch viel öfter ausgelöst, sogar mehrmals am Tag, und wir haben nie die Möglichkeit, uns zu beruhigen und zu erholen. Gerade in solchen Zeiten kann das Auslösen der Entspannungsreaktion zur Beruhigung von Körper und Geist beitragen. Nach Scott, dem Autor von *Entspannungsreaktion bei der Umkehrung von Stress*, kann dies besonders bei chronischem Stress hilfreich sein. Der Körper befindet sich in einem kontinuierlichen Zustand der physiologischen Erregung und der Körper hat keine Zeit, sich zu entspannen, bevor der nächste Stressor zuschlägt. Dies kann zu einem schwachen Immunsystem und negativen emotionalen Folgen, wie Angstzuständen, Wutausbrüchen und Burnout, führen.

Entspannungstechniken sind eine gute Möglichkeit, diese Entspannungsreaktion auszulösen und Ihnen zu helfen, Ihren Stress zu bewältigen. Diese Strategien helfen Ihrem Körper, Entspannung zu erfahren, wann und wo auch immer Sie sich befinden. Sie helfen Ihnen auch, alle schädlichen Auswirkungen von Stress zu reduzieren.

Tipps, wie Sie Ihre Entspannungspraxis beginnen können

1. Bevor Sie mit Ihrer Entspannungspraxis beginnen, ist es empfehlenswert, zunächst mit einem Arzt zu sprechen, insbesondere wenn Sie schwere oder chronische Symptome haben. Ihre Symptome könnten ein Zeichen dafür sein, dass Sie eine Grunderkrankung haben, derer Sie sich nicht bewusst waren. Daher ist es am besten, vor Beginn eine vollständige Diagnose Ihres Gesundheitszustandes zu erhalten. Wenn Ihre Angst beispielsweise fortbesteht, hilft Ihnen die Suche nach ärztlicher Hilfe bei der Feststellung, ob sie akut/chronisch oder ob sie ein Symptom einer anderen Erkrankung ist, wie z. B. für chronischen Stress oder eine Angststörung. Wenn Sie dies erfahren, können Sie Ihre Entspannungstechnik gezielt auf die zugrunde liegende Erkrankung anwenden, anstatt nur die Symptome zu behandeln.

2. Die Anwendung dieser Techniken erfordert Übung und Geduld. Mit Methoden, wie Meditation oder Achtsamkeit, ist es schwierig, beim ersten Mal alles richtig zu machen. Um wirklich von diesen Entspannungsmethoden zu profitieren, muss Ihre Praxis zudem konsequent sein.

3. Wann immer es möglich ist, suchen Sie sich einen verlassenen, ruhigen Ort, an dem Sie Ihre Entspannungstechniken praktizieren können. Er sollte auch frei von allem sein, was Sie oder Ihre Aufmerksamkeit ablenken könnte. Es gibt Ausnahmen, z. B. bei akutem Stress. In diesem Fall brauchen Sie keinen ruhigen Raum zu finden, um in der Stresssituation einige tiefe Atemübungen zu machen.

4. Versuchen Sie, Ihre Entspannungstechnik täglich zur gleichen Zeit und am gleichen Ort zu praktizieren. Diese Wiederholung wird Ihnen helfen, Ihren Geist daran zu gewöhnen und eine neue Gewohnheit zu entwickeln.

5. Finden Sie eine bequeme Position. Sie können mit überkreuzten oder ausgestreckten Beinen sitzen, stehen oder liegen. Welche Position Sie auch immer wählen, achten Sie darauf, dass Sie sich wohlfühlen, denn eine Entspannungssitzung kann zwischen fünf Minuten und über einer Stunde oder sogar länger dauern. Sich unbequem zu fühlen kann Sie leicht ablenken und Ihre Entspannung beeinträchtigen, deshalb sollten Sie dies unbedingt verhindern. Tragen Sie auch bequeme Kleidung, ziehen Sie Ihre Schuhe, Schmuck und alles andere aus, was Ihnen Unbehagen bereiten könnte. Um Ihre Entspannungsreaktion auszulösen, müssen Sie sich in einen entspannten Zustand versetzen - sich wohlfühlen ist essentiell dafür.

6. Sie haben die Wahl, Ihre Augen zu schließen oder sich auf einen einzigen Punkt zu konzentrieren, um zu verhindern, dass Ihre Augen im Raum umherwandern.

7. Leeren Sie Ihren Geist und konzentrieren Sie sich auf die Entspannungsmethode, die Sie gerade anwenden. Wenn Sie Atemübungen machen, können Sie sich auf Ihren Atem konzentrieren, wenn Sie eine progressive Muskelentspannung anwenden, konzentrieren Sie sich auf Ihren Atem und die Empfindungen in Ihrem Körper. Suchen Sie nach angespannten Bereichen und arbeiten Sie daran, diese Anspannung zu lösen.

8. Denken Sie daran, dass Entspannung nicht gleich bedeuten muss, dass Sie still sein oder still dasitzen müssen - sie schließt alles ein, was Ihnen hilft, sich zu entspannen, sogar Sport.

9. Führen Sie ein Tagebuch, um Ihre Gedanken, Gefühle und Beobachtungen über Ihre Übung aufzuzeichnen. Es kann Ihnen unschätzbar wertvolle Einblicke geben und Ihnen helfen, die ideale Entspannungsübung zu erschaffen.

10. Seien Sie konsequent, auch wenn Sie vielleicht nicht jeden Tag üben, versuchen Sie es und üben Sie oft.

Betrachten wir nun einige dieser Entspannungstechniken.

Entspannungstechniken

Entspannungsmethoden oder -techniken sind Praktiken, deren Ziel es ist, den Körper zu entspannen, indem die Entspannungsreaktion induziert wird. Einige dieser Methoden umfassen geführte Bild- oder Visualisierungstechniken, Tiefenatmung, Biofeedback und viele andere. Diese Entspannungstechniken bewirken eine entspannte Atmung, einen niedrigeren Puls und Blutdruck sowie ein verbessertes Wohlbefinden.

Es wurde viel über die verschiedenen Entspannungsmethoden geforscht und es wurde festgestellt, dass sie bei der Bewältigung verschiedener Gesundheitszustände, einschließlich Stress, sehr hilfreich sein können. Es wurde auch bestätigt, dass sie für alle gesunden Menschen sicher anzuwenden sind, obwohl Sie vor der Anwendung dieser Methoden immer einen Fachmann des Gesundheitswesens konsultieren sollten. Dieser kann Ihnen mehr Einblicke geben, wie Sie diese Methoden am besten anwenden sollten. Er gibt Ihnen auch andere Tipps und Tricks, mit denen Sie Ihre Entspannungsübungen verbessern können.

i.   *Atemübungen*

Auf *verywellmind*.com beschreibt Scott, wie wirksam tiefes Atmen zum Stressabbau und zur Entspannung ist. Atemübungen sind sehr empfehlenswert, da sie überall und jederzeit angewendet werden können, auch inmitten von Stresssituationen. Sich seines Atems bewusst zu werden, kann Ihnen helfen, mit Ihrem Körper und seiner Stressreaktion besser im Einklang zu sein. Sie merken dann auch, wann Sie Ihren Atem entspannen müssen. Atemübungen sind extrem einfach, bequem und effektiv. In Kapitel zwei haben wir uns mit der Durchführung von Atemübungen im

Allgemeinen befasst, aber es gibt verschiedene Arten von Atemübungen, die Sie ausprobieren können. Schauen wir uns einige davon an:

- Atmung durch die Lippen: Bei dieser Methode verlangsa-
  men Sie Ihre Atmung, indem Sie sich jedes Mal, wenn Sie
  atmen, bewusst anstrengen. Entspannen Sie dazu Ihre
  Schultern und halten Sie den Mund geschlossen, während
  Sie zwei Sekunden lang langsam durch die Nase einatmen.
  Spitzen Sie die Lippen, als wollten Sie pfeifen, und atmen
  Sie dann vier Sekunden lang langsam durch den Mund aus.
  Wiederholen Sie diese Methode vier bis fünf Mal am Tag.

- Achtsame Zwerchfellatmung: Diese Methode hilft Ihnen,
  Ihr Zwerchfell richtig einzusetzen und dadurch tiefer zu atmen. Am Anfang wird es Ihnen vielleicht schwer fallen,
  aber es wird leichter, je weiter Sie voranschreiten. Legen
  Sie sich flach auf den Rücken und winkeln Sie Ihre Knie
  leicht an. Sie können ein Kissen unter Ihre Knie legen,
  wenn Sie etwas Unterstützung brauchen. Legen Sie Ihre
  rechte Hand auf den oberen Brustkorb und die andere unter den Brustkorb. So können Sie spüren, wie sich Ihr
  Zwerchfell beim Atmen bewegt. Atmen Sie langsam ein
  und fühlen Sie, wie Ihr Bauch in Ihre Hand drückt. Während Sie die andere Hand so ruhig wie möglich halten, atmen Sie langsam durch die Lippen aus, während Sie Ihre
  Bauchmuskeln zusammendrücken, um so viel Luft wie
  möglich auszustoßen.

Sie können ein Buch auf Ihren Bauch legen oder die Hand von
jemand anderem auf Ihren Bauch legen lassen, um diese Übung zu
erschweren. Wenn Sie einmal gelernt haben, wie man diese Übung
im Liegen durchführt, können Sie die Bauchatmung sitzend auf
einem Stuhl ausprobieren und sie sogar bei der Ausführung
anderer Tätigkeiten durchführen.

- Visualisierungsatmung: Hier werden Bilder oder Wörter
  verwendet, um Ihre Atmung zu lenken. Nehmen Sie eine

bequeme Position ein, genau wie bei der Zwerchfellatmung, und stellen Sie sich beim Einatmen vor, dass Ihr Bauch ein Ballon ist, der sich mit Luft füllt. Während Sie ausatmen, stellen Sie sich vor, dass die Luft langsam aus dem Ballon entweicht. Sie müssen sie nicht einmal mit Gewalt herausdrücken - sie entweicht von selbst. Alternativ dazu können Sie sich beim Einatmen auch vorstellen, wie sich all der Stress und die Anspannung, die Sie spüren, von Ihrem Körper in Ihre Brust bewegen. Wenn Sie ausatmen, können Sie sehen, wie der Stress Ihren Körper durch Ihren Atem verlässt und sich die Spannung auflöst. Während Sie ein- und ausatmen können Sie auch Sätze verwenden, wie „Ich atme ruhig ein" oder „Ich lasse meinen Stress los." Sie können mit einer 10-minütigen Sitzung pro Tag beginnen und die Dauer Ihrer Sitzungen allmählich verlängern.

Andere Atemtechniken umfassen u. a. die Methode der *gezählten Atmung*, die auch als *4-7-8-Methode* bekannt ist, oder auch die *Atmung aus den Nasenlöchern, gleichmäßige Atmung, kohärente Atmung* usw. Die meisten dieser Atemübungen können sofort ausgeführt werden. Viel Spaß beim Experimentieren mit diesen verschiedenen Techniken.

Tipps zur Tiefenatmung

- Lassen Sie Ihren Unterleib sich ausdehnen und zusammenziehen und bewegen Sie dabei Ihre Schultern nicht. Diese Art von Atmung ist tiefer und natürlicher, da sie der Atmung von Babys ähnelt. Im Gegensatz zur flachen Atmung, die wir normalerweise durchführen, ermöglicht diese Art von Atmung eine höhere Lungenkapazität.

- Beschleunigen oder verlangsamen Sie Ihre Atmung nicht zu sehr - atmen Sie so, wie Sie normalerweise atmen würden, nur tiefer.

- Beginnen Sie damit, dass Sie täglich etwa fünf bis zehn Minuten lang atmen, und steigern Sie die Dauer, je mehr Sie sich an die Technik gewöhnen. Sie können mit zwei Minuten beginnen, wenn Ihnen fünf zu lang erscheinen.

- Wenn Ihre Gedanken abschweifen, machen Sie sich keine Sorgen, dass Sie es falsch machen. Achten Sie vielmehr darauf, dass Sie sich wieder auf Ihren Atem konzentrieren.

ii. Meditation

Wenn es darum geht, Stress abzubauen, ist Meditation eine kraftvolle Fähigkeit, denn sie wirkt beruhigend auf Geist und Körper und hilft Ihnen gleichzeitig, Widerstandskraft aufzubauen. Meditation ist sowohl für die Bewältigung von akutem als auch von chronischem Stress eine hilfreiche Fähigkeit, die man beherrschen sollte. Diese uralte Praxis gibt es in vielen Varianten, wie z. B. die *Spirituelle Meditation, Achtsamkeitsmeditation, Fokussierte Meditation, Bewegungsmeditation, Mantra-Meditation* und *Transzendentale Meditation.*

1. Achtsamkeitsmeditation

Die Achtsamkeitsmeditation ist eine Art der Meditation, die darauf abzielt, Ihnen den gegenwärtigen Augenblick bewusster zu machen. Indem Sie Ihren Fokus auf das richten, was gerade geschieht, können Sie sich voll und ganz darauf konzentrieren, was Sie gerade tun. Sie richten Ihre Aufmerksamkeit auf Ihre Gedanken, wenn sie durch Ihren Verstand gehen, aber Sie beschäftigen sich nicht mit ihnen und urteilen nicht über sie. Sie sind nur ein Beobachter, der alle Muster, die sich ergeben könnten, zur Kenntnis nimmt. Achtsamkeit verbindet Konzentration mit Bewusstheit. Während Sie dies üben, werden Sie vielleicht feststellen, dass Ihnen der Fokus auf ein Objekt oder auf Ihren Atem hilft, sich auf Ihre Gedanken, Empfindungen oder Emotionen zu konzentrieren. Die Achtsamkeitsmeditation verwendet Meditationstechniken, um Achtsamkeit zu üben und Stress, Ängste und andere Zustände abzubauen. Sie hilft auch, Belastbarkeit aufzubauen, wie im Artikel „Entspannungstechniken zum Stressabbau" von *HelpGuide.org* erwähnt wird. Sie können sie mit anderen Aktivitäten kombinieren, wie z. B. mit dem Spazierengehen oder auch mit dem Sport.

Wie man Achtsamkeitsmeditation praktiziert

Wenn Sie Ihre Meditation beginnen, suchen Sie sich einen ruhigen Platz, der frei von Ablenkungen ist und achten Sie darauf, dass Sie bequem mit geradem Rücken sitzen. Schließen Sie die Augen und wählen Sie etwas aus, auf das Sie sich konzentrieren - das kann Ihr Atem oder ein Mantra sein, das Sie während der Meditation wiederholen können. Machen Sie sich keine Sorgen über irgendwelche ablenkenden Gedanken, die Ihnen durch den Kopf gehen könnten, oder darüber, wie es Ihnen geht. Wenn Sie das tun, wird der Zweck dieser Entspannungstechnik negiert. Anstatt sie zu bekämpfen, lassen Sie sie auf sich zukommen und richten Sie Ihre Aufmerksamkeit wieder auf Ihren Mittelpunkt.

2. Körperscan-Meditation

Diese Meditationstechnik lenkt Ihre Aufmerksamkeit auf verschiedene Teile Ihres Körpers. Ähnlich wie bei der progressiven Muskelentspannung fangen Sie bei Ihren Füßen an und arbeiten sich bis an die Spitze Ihres Körpers vor. Anstatt Ihre verschiedenen Muskeln anzuspannen und wieder zu entspannen, konzentrieren Sie sich jedoch darauf, wie sich jeder Teil Ihres Körpers anfühlt, ohne das Gefühl als gut oder schlecht zu definieren.

Wie man die Körperscan-Meditation praktiziert

a. Legen Sie sich mit ausgestreckten Beinen auf den Rücken und legen Sie die Hände an den Seiten ab. Sie haben die Wahl, die Augen zu schließen oder sie offen zu lassen und einen Punkt zu finden, auf den Sie sich konzentrieren können. Konzentrieren Sie sich mit Ihrer bevorzugten Atemtechnik etwa drei Minuten lang auf Ihre Atmung oder bis Sie spüren, dass Sie anfangen, sich zu entspannen.

b. Richten Sie nun Ihre Aufmerksamkeit auf die Zehen Ihres rechten Fußes. Achten Sie auf alle Empfindungen, die Sie fühlen, während Sie auch Ihrer Atmung Aufmerksamkeit schenken. Stellen Sie sich vor, dass jeder tiefe Atemzug zu Ihren Zehen fließt, und bleiben Sie etwa fünf bis zehn Sekunden lang auf sie konzentriert.

c. Richten Sie Ihre Aufmerksamkeit auf einen anderen Teil Ihres Fußes, z. B. auf die Fußsohle, und wiederholen Sie den obigen Schritt. Gehen Sie nach etwa zwei Minuten zu Knöchel, Wade, Knie, Oberschenkel und Hüfte über und machen Sie dasselbe für Ihr linkes Bein. Danach können Sie sich an andere Körperteile begeben und alle Schmerzen oder Beschwerden zur Kenntnis nehmen.

d. Wenn Sie mit dem ganzen Körper fertig sind, bleiben Sie liegen und entspannen Sie sich ein wenig in Stille, während Sie wahrnehmen, wie sich Ihr Körper jetzt anfühlt. Öffnen Sie nach etwa fünf Minuten die Augen und strecken Sie Ihren Körper.

Es braucht Zeit und viele Versuche und Missgeschicke, um mit jeder Meditationstechnik zurechtzukommen und nicht alle Arten von Meditation sind für jeden geeignet, da sie unterschiedliche Fähigkeiten und Denkweisen erfordern. Wenn Sie also zu Beginn Ihrer Meditationspraxis realistische Erwartungen haben, kann Ihnen das helfen, die richtige Technik für Sie zu finden.

iii. Visualisierung

Diese Methode wird auch als *Imaginative Psychotherapie* bezeichnet. Es handelt sich um eine Form der Meditation, bei der Sie sich ein Szenario in Ihrem Verstand vorstellen, in dem Sie sicher, frei und in Frieden sind - ein Ort, an dem Sie all Ihre Anspannung, Ihren Stress, Ihre Angst und Besorgnis loslassen können. Wie bereits erwähnt, können Sie die Visualisierung entweder selbst üben oder eine App bzw. Ton- oder Bildaufnahmen verwenden, um sich davon inspirieren zu lassen. Sie können auch beruhigende Musik oder Geräusche hinzufügen, um das Bild realistischer zu gestalten.

Um die Visualisierung zu üben, wie im Artikel „Visualisierung und geführte Bildtechniken zum Stressabbau" erläutert wird, müssen

Sie Ihre Augen schließen und sich selbst an Ihrem erholsamen Ort vorstellen. Versuchen Sie, es sich so lebhaft wie möglich vorzustellen. Denken Sie an alles, was Sie sehen, hören, schmecken, riechen oder sogar fühlen können. Wenn Sie so viele Ihrer Sinne wie möglich in Ihre Visualisierung mit einbeziehen, wird diese noch effektiver. Wenn Sie beispielsweise an einen tropischen Strand denken, führen Sie sich vor Augen, wie die Sonne über dem Wasser aufgeht, die Vögel singen, wie Sie die salzige Meeresluft riechen und schmecken und die warmen Wellen an Ihren Füßen spüren.

Lassen Sie sich von dieser Empfindung überwältigen und lassen Sie Ihre Sorgen weg, während Sie Ihre tropische Insel erkunden. Wenn Sie sich völlig entspannt fühlen, öffnen Sie Ihre Augen und kehren Sie zum gegenwärtigen Augenblick zurück. Machen Sie sich keine Sorgen, wenn Sie sich zurückziehen oder vergessen, wo Sie sich während Ihrer Sitzung befinden - das ist absolut normal. Vielleicht fühlen Sie auch etwas Schwere in Ihren Gliedern, Zucken in Ihren Muskeln oder sind sogar müde. Auch hier ist es normal, diese Reaktionen zu haben, wenn Sie tiefenentspannt sind.

Andere Entspannungsmethoden, die Sie ausprobieren können, sind rhythmische Bewegungen, wie Tanzen, Spazierengehen, Schwimmen oder Laufen. Sie können sich auch eine Massage gönnen, um Verspannungen in Ihrem Körper zu lösen. Es ist wichtig, diese Entspannungsmethoden zu einem Teil Ihres normalen Lebens zu machen. Je regelmäßiger Sie diese praktizieren, desto geschickter wird Ihr Körper im Umgang mit ihnen. Es hilft Ihnen auch dabei den Stress abzubauen und entspannter in den Alltag zurückzukehren.

KAPITEL 9

Achtsamkeitstechniken - akuten Stress abbauen

Inzwischen haben Sie wahrscheinlich bemerkt, dass ich die Achtsamkeit in diesem Buch immer wieder erwähne. Achtsamkeit ist definiert als die Fähigkeit, präsent zu sein und sich unserer Handlungen und unseres Standortes voll bewusst zu sein und nicht von den Geschehnissen in unserer Umgebung überwältigt zu werden. Obwohl dies eine Fähigkeit ist, die wir alle von Natur aus besitzen, kommt unsere Fähigkeit, sie bereitwillig zu nutzen, daher, dass wir sie jeden Tag praktizieren. Achtsamkeit zielt darauf ab, die inneren Abläufe unserer physischen, mentalen und emotionalen Prozesse zu wecken. Daher kann sie dazu beitragen, Stress abzubauen, da Stress diese Prozesse stören kann. Diese Methoden werden als Achtsamkeitstechniken bezeichnet. Lassen Sie uns einen tieferen Blick auf sie werfen.

Was ist achtsamkeitsbasierte Stressreduktion (MBSR)?

MBSR kann als ein Programm beschrieben werden, das den Teilnehmern helfen soll, Achtsamkeit zu erlangen und so ihren Umgang mit Stress zu verändern und seine Auswirkungen zu reduzieren. Dieses Programm wurde im Jahr 1979 von Jon Kabat-Zinn ins Leben gerufen, um bei der Behandlung von Menschen zu helfen, die unter Stress, Depressionen, Angstzuständen und anderen psychischen Zuständen leiden. Er stellte die Theorie auf, dass es den Patienten helfen würde, die Fähigkeit zu entwickeln, ihre Schmerzen objektiver zu betrachten und auch zu lernen, anders mit ihnen umzugehen und so weniger unter ihnen zu leiden, wenn sie in einer Gruppe mit den Achtsamkeitsübungen arbeiten würden.

Folgendes Zitat des Psychiaters Viktor Frankl erläutert, wie es funktioniert: „Es gibt einen Raum zwischen dem Reiz und der Reaktion. Dieser Raum enthält unsere Macht, zu entscheiden, wie wir reagieren, und unser Wachstum und unsere Freiheit liegen in unserer Reaktion." Einfach ausgedrückt: Es gibt einen Moment, in dem wir wählen können, wie wir auf Stressoren oder Schmerzen reagieren, bevor wir tatsächlich auf sie reagieren. Viele von uns sind sich dieses Raumes jedoch nicht bewusst, weil wir in unseren gewohnten Mustern und Reaktionen gefangen sind.

Wenn Ihnen jemand auf der Autobahn den Weg abschneidet, denken Sie vielleicht „Was ist los mit dieser Person?" Ihr Herz schlägt bereits schneller und Sie greifen fest das Lenkrad. Sie werden wütend, und diese Wut nährt Ihre Gedanken - jetzt denken Sie, dass diese Person eine Lektion verdient hat. Also rasen Sie neben ihr her und tauschen sogar hitzige Worte aus, um sie wissen zu lassen, was sie getan hat.

Die oben geschilderte Situation ist ein Beispiel für eine stressige Situation, die durch eine ständige, unbewusste Interaktion zwischen unseren Gewohnheiten, Emotionen und Gedanken angeheizt wird. Man könnte argumentieren, dass Sie in der Situation keine große Wahl hatten, weil Sie sich Ihrer Stressreaktion vielleicht nicht bewusst waren, aber der Raum, den wir vorhin erwähnt haben, war zwischen dem Moment, als Sie abgeschnitten wurden, und Ihrer Reaktion. In seinem Artikel „Achtsamkeitsbasierter Stressabbau: Was ist das und wie kann er helfen?" stellt Baum fest, dass MBSR uns hilft, uns unserer gewohnten Reaktionen bewusster zu werden und uns auf eine gewisse Weise auf uns selbst zu beziehen, um diesen Kreislauf zu unterbrechen und uns mehr Wahlmöglichkeiten zu geben. Nach dieser Überlegung stellen Sie vielleicht fest, dass die Reaktion auf den Mann, der Ihnen auf der Autobahn den Weg abgeschnitten hat, Ihren Stress nur verschlimmert und ihn vielleicht nicht so beeinflusst hat, wie Sie, oder vielleicht haben Sie ihn noch wütender gemacht, was die Situation eskalieren lassen hat.

Wenn in Zukunft während der Autofahrt etwas passiert und Sie merken, dass Sie das Lenkrad fester greifen, Ihr Puls schneller wird oder Sie schneller atmen, versuchen Sie, den Moment zu nutzen, um zu erkennen, dass Ihr Körper Sie darauf aufmerksam macht, dass eine Stressreaktion stattfindet. Jetzt befinden Sie sich in dem Raum zwischen Reiz und Reaktion, wo Sie sich entscheiden können, tief ein- und auszuatmen, sich zu beruhigen und Ihre Schultern und Hände zu entspannen. Sie könnten sogar an den schlechten Zustand denken, in dem sich der andere Fahrer befinden muss, um so zu fahren. Sie könnten ihn bemitleiden, denn wenn er in einem guten Zustand wäre, würde er nicht so fahren. Indem Sie die in der MBSR gelehrten Techniken übernehmen, erkennen Sie, dass Sie die lang gehegten Ängste ändern können, die Sie möglicherweise blockiert haben.

MBSR ist ein anpassbarer und anpassungsfähiger Ansatz zum Abbau von Stress. Er besteht aus drei Hauptkomponenten, nämlich der *Achtsamkeitsmeditation*, dem *Körperscanning* und *Yoga*. Anstatt den für die Praxis vorgeschriebenen Schritten zu folgen, praktizieren Sie die Methode vorzugsweise so, wie es Ihnen am besten passt. Das bedeutet, dass die MBSR für jeden anders ist, auch wenn sie auf den gleichen Prinzipien beruht.

Das *Zentrum für Achtsamkeit* gibt die folgenden Notwendigkeiten für die Praxis von MBSR vor:

- Verwandeln Sie die Erfahrung in eine Herausforderung, anstatt in eine lästige Pflicht. Dadurch ändert sich die Perspektive Ihres Lebens - von etwas, das Sie tun müssen, um gesund zu sein, zu etwas, auf das Sie sich freuen: zu einem Abenteuer.

- Legen Sie Ihren Schwerpunkt auf die Beständigkeit in Ihrer Praxis und die Bedeutung von individueller Anstrengung und Motivation. Das bedeutet, auch an einem Tag zu üben, an dem Sie keine Lust haben.

- Sobald Sie mit dem Programm beginnen, ist eine Änderung des Lebensstiles erforderlich, da es einen erheblichen Zeitaufwand erfordert. Das Programm dauert acht Wochen, und die Teilnehmer müssen etwa sechs Tage pro Woche 45 Minuten täglich üben und auch an wöchentlichen Sitzungen teilnehmen, die über zwei Stunden dauern. Möglicherweise müssen Sie sich auch einen Tag lang zurückziehen und eine siebenstündige Achtsamkeitssitzung abhalten.

Um MBSR zu praktizieren, gibt Kabat-Zinn die folgenden Grundhaltungen vor, die für die Praxis unerlässlich sind:

- Eine nicht wertende Haltung
- Geduld
- Vertrauen
- Der Verstand eines Anfängers
- Akzeptanz
- Loslassen lernen und nicht danach streben, perfekt zu sein

MBSR kann alleine oder in Kombination mit anderen Methoden eingesetzt werden, um Stress und andere Zustände abzubauen, die Stress effektiv induzieren könnten. Es gibt jedoch einige Dinge, die Sie vor Beginn Ihrer Achtsamkeitspraxis beachten sollten:

1. Wenn Sie anfangen, werden Sie feststellen, dass es anders ist, als Sie erwartet haben. Deshalb ist es wichtig, realistische Erwartungen aufrechtzuerhalten. Sie könnten am Ende angenehm überrascht sein, aber bleiben Sie offen und verstehen Sie, dass Achtsamkeit zwar eine wunderbare Technik, aber kein Allheilmittel ist.

2. Bei Achtsamkeit geht es nicht darum, Sie zu heilen, sondern vielmehr darum, Ihre Gedanken, Handlungen, Gewohnheiten und Gefühle wahrzunehmen.

3. Es geht auch nicht darum, Ihre Gedanken aufzuhalten, sondern darum, Ihnen zu helfen, sich ihrer bewusst zu werden und sie in bessere, gesündere Gedanken, Emotionen, Handlungen und Gewohnheiten umzuwandeln.

4. Manche Menschen sind misstrauisch, Achtsamkeit auszuprobieren, weil sie denken, sie zu praktizieren bedeutet, dass sie zu einer anderen Religion konvertieren müssen. Das ist aber nicht der Fall. Auch wenn MBSR auf buddhistischen Prinzipien beruht, ist sie nicht Teil einer Religion.

5. Die MBSR ist auch kein Weg, der eigenen Realität zu entfliehen, sondern vielmehr, sie zu verändern.

6. Die MBSR reduziert nicht nur Ihren Stress - sie kann Ihrem Körper helfen, sich zu entfalten und Ihre Kreativität zu fördern.

7. Achtsamkeit kann auch Ihre neuronalen Verbindungen fördern, Ihnen helfen, neue neuronale Schaltkreise aufzubauen und Ihre Konzentration, Ihr Bewusstsein und Ihre Flexibilität zu steigern.

Techniken und Übungen zur Achtsamkeit

Wie zu erwarten, macht Achtsamkeit einen großen Teil der meisten MBSR-Techniken aus und es ist leicht, sie als eine Gemütsverfassung zu betrachten. Diese Übungen sollen Ihnen helfen, achtsamer zu werden, indem verschiedene Bereiche betont werden. Wenn Sie an einer Achtsamkeitsmeditation interessiert sind, aber nicht wissen, wo Sie anfangen sollen, dann probieren Sie doch einige dieser Achtsamkeitsübungen aus. Einige von ihnen können sogar in weniger als fünf Minuten durchgeführt werden.

Techniken

- **Fokussierte Achtsamkeit**: Ein wichtiger Aspekt der Achtsamkeit ist die Fähigkeit, den Geist zu beruhigen und zu fokussieren. Fokussierte Achtsamkeit betont daher, sich auf das zu konzentrieren, was innerlich geschieht, und den eigenen Geist zu beobachten. Sie kann damit verglichen werden, die Augen auf einen Punkt zu richten, indem man sich auf ein bestimmtes Ereignis konzentriert. Sie können wählen, ob Sie sich auf Ihren Atem, auf körperliche Empfindungen oder auf ein Objekt konzentrieren wollen, das Sie im gegenwärtigen Augenblick erdet.

- **Achtsamkeit der Wahrnehmung** oder **Achtsamkeit des Bewusstseins**: Im Gegensatz zur fokussierten Achtsamkeit wird bei dieser Technik der Blick nach außen, anstatt nach innen, betont. Sie beinhaltet die Betrachtung Ihres Geistes aus einer Außenperspektive. Wenn Sie den Ansatz der Achtsamkeit ausprobieren, sehen Sie Ihre geistige Aktivität so, als gehöre sie jemand anderem. Anders ausgedrückt kann man es so beschreiben, dass Sie Ihre Gedanken und Emotionen von außerhalb Ihres gewohnten egozentrischen Blickwinkels beobachten. Sie betrachten Ihren Verstand als einen Bewusstseinsstrom, ohne ihn zu beurteilen.

Sie können auch zwischen diesen beiden Techniken wechseln. Um dies zu tun, nehmen Sie Ihr Bewusstsein rational wahr und wählen Sie etwas aus, auf das Sie sich konzentrieren können oder dessen Sie sich bewusst werden möchten.

Übungen

Dieser Abschnitt skizziert einige der Übungen, mit denen Sie Ihre Achtsamkeit entwickeln können.

1. **Atemübungen**: Diese Übungen fördern die Achtsamkeit, indem sie Ihnen helfen, sich auf Ihren Atem zu konzentrieren. Im vorherigen Kapitel haben wir uns eingehend mit der Tiefenatmung befasst und es wurden einige Atemtechniken vorgestellt, die Ihnen helfen können, Ihre Achtsamkeit zu entwickeln.

2. **Körperscan-Meditation**: Bei dieser Übung geht es darum, sich der Empfindungen in Ihrem Körper bewusst zu werden. Die Körperscan-Meditation ermöglicht es Ihnen, Ihre Achtsamkeit auf Ihren ganzen Körper zu übertragen, indem Sie sich jeweils nur auf ein Körperteil konzentrieren. Wenn Sie einen besonders verspannten oder wunden Bereich finden, verwenden Sie Ihren Atem und konzentrieren Sie sich auf diesen Bereich, bis Sie sich entspannen. Sie können dies sogar mit einer heilenden Visualisierung kombinieren, z. B. mit einer Kugel aus warmem Licht, die den Schmerz wegschmelzen lässt. Wir haben uns in Kapitel acht auch mit der Praxis der Körperscan-Meditation befasst. Sie können sich also auch hier auf diese Technik beziehen.

3. **Objekt-Meditation**: Dabei richten Sie Ihre Aufmerksamkeit auf ein Objekt. Sie können etwas Besonderes für sich verwenden, wenn es Ihnen hilft, sich mehr zu konzentrieren. Halten Sie es in Ihrer Hand und lassen Sie es im Mittelpunkt Ihrer Aufmerksamkeit stehen. Lenken Sie all Ihre Sinne darauf und nehmen Sie die Empfindungen wahr, die Sie beobachten. Dazu können die Farbe des Objektes, sein Geschmack, sein Geruch, seine Form, seine Beschaffenheit, seine Größe oder sogar das Geräusch gehören, das es macht, wenn Sie es anfassen.

4. **Geh-Meditation**: Dazu gehört die Entwicklung von Achtsamkeit, während Sie einen gemütlichen meditativen Spaziergang machen. Halten Sie bei Ihrem Spaziergang ein ruhiges Tempo ein und achten Sie darauf, wie Sie gehen. Ist Ihr Rücken gerade? Schwingen Sie Ihre Hände? Oder schwingen Sie Ihre Hüften ein wenig? Konzentrieren Sie sich auch auf die Empfindungen, die Sie beim Gehen spüren. Fühlen sich Ihre Schultern verspannt oder locker an? Wie berühren Ihre Füße den Boden? Drehen Sie sich am Ende des Weges um und gehen Sie weiter, während Sie sich dieser Empfindungen bewusst werden.

5. **Achtsames Essen**: Diese Übung fordert Sie auf, darauf zu achten, was Sie essen. Achten Sie darauf, was Sie in der Hand

halten, wie es sich in Ihrer Hand anfühlt, wie schwer es sich anfühlt, welche Farbe, welchen Geruch es hat usw. Essen Sie dann weiter, aber tun Sie dies langsam, während Sie den Geschmack, die Konsistenz auf der Zunge und den Geruch genießen. Diese Übung kann Ihnen helfen, neue Empfindungen zu entdecken, indem Sie vertraute Lebensmittel verwenden.

Ein großartiges Beispiel für achtsames Essen ist die Rosinenübung. Sie ist eine hervorragende Einführungsübung für diejenigen, die Achtsamkeit ausprobieren möchten. Sie können jedes Lebensmittel verwenden, das Sie wollen, solange es einen ungewöhnlichen Geruch und/oder Geschmack hat oder sich ungewöhnlich anfühlt. Nehmen Sie eine Rosine und stellen Sie sich vor, dass Sie noch nie eine gesehen haben. Achten Sie darauf, wie sie aussieht, sich anfühlt, riecht und wie sich die Haut bewegt, wenn Sie sie berühren. Dann essen Sie sie. Während sie in Ihrem Mund ist, kosten Sie aus, wie sie schmeckt, wie sich die Haut auf Ihrer Zunge anfühlt und wie sich der Geschmack verändert, wenn Sie auf ihr kauen. Verweilen Sie etwas und schlucken Sie sie dann.

Wenn Sie sich auf die Rosine oder das Essen konzentrieren, das Sie achtsam essen, verbringen Sie weniger Zeit oder verschwenden keine Energie und Aufmerksamkeit damit, sich Gedanken darüber zu machen, was Sie gestresst hat. Diese Übung hilft Ihnen, das wahrzunehmen, was vor Ihnen liegt, und lenkt Ihre Aufmerksamkeit darauf. Selbst wenn Ihre Gedanken umherwandern, können Sie sie zu dieser Übung zurückführen.

6. **Gähnen**: Nehmen Sie sich jede Stunde zehn Sekunden Zeit, um zu gähnen und sich zu strecken. Gähnen Sie, auch wenn Sie es nicht tun müssen - es wird ein echtes Gähnen auslösen. Atmen Sie tief ein und aus und sagen Sie „Ahh." Achten Sie darauf, wie Ihr Gähnen Ihre Gedanken unterbricht und Ihre Konzentration auf die Gegenwart zentriert. Strecken Sie sich

nun langsam für einige weitere Sekunden. Beachten Sie die angespannten Bereiche Ihres Körpers wertfrei und sagen Sie zu ihnen „Entspannen!" Machen Sie das etwa 20 bis 30 Sekunden lang und setzen Sie dann das fort, was Sie gerade getan haben.

7. **Achtsames Dehnen**: Sie können die Anwendung von Achtsamkeit bei allen gewünschten Dehnungsübungen trainieren, aber wenn Sie nach einer bewährten Methode suchen, dann versuchen Sie es mit Yoga. Für die angeleitete Yogapraxis können viele Videos verwendet werden, und sobald Sie sich an sie gewöhnt haben und die Positionen kennen, können Sie zu Audioaufnahmen übergehen oder ohne Anleitung üben.

8. **STOP**: Dieses Akronym bedeutet **S**tehen bleiben, **T**ief durchatmen, **O**bacht geben und **P**lanmäßig fortfahren. Jon Kabat Zinn, der Pionier dieser Meditationstechnik, schlägt vor:

Stehen Sie zunächst auf und atmen Sie tief durch. So können Sie Ihre Verbindung zum Boden spüren.

Daraufhin stimmen Sie sich auf Ihren Körper ein. Betrachten Sie sich selbst und scannen Sie Ihren Körper, wobei Sie all Ihre Empfindungen, Gedanken und Emotionen wahrnehmen. Benutzen Sie Ihren Atem, um negative Gedanken, Emotionen und Empfindungen loszulassen, wie z. B. Verspannungen, und beschäftigen Sie Ihren Geist beim Einatmen mit angenehmen Empfindungen.

Als nächsten Schritt beobachten Sie. Betrachten Sie Ihre Umgebung und nehmen Sie sie wahr. Schauen Sie auf etwas Schönes und seien Sie dankbar dafür.

Denken Sie schließlich an die Möglichkeit. Erforschen Sie Ihre Möglichkeiten, indem Sie fragen, was neu ist, welche Schritte Sie auf Ihrem Weg nach vorn unternehmen können oder was möglich ist.

Wenn Sie auf einen dieser Schritte reagieren, halten Sie inne und atmen Sie ein paar Mal tief durch. Sie können auch die folgenden Sätze wiederholen: „Beruhige dich" oder „Bewahre einen klaren Kopf" - atmen Sie noch tiefer ein und wiederholen Sie „entspannen" und andere beruhigende Worte.

9. **Liebevolle-Güte-Meditation**: Bei dieser Übung wiederholen Sie Sätze, die gute Eigenschaften an Ihnen selbst und an anderen hervorheben. Mit anderen Worten, seien Sie freundlich zu sich selbst und zu anderen. Sie können damit beginnen, sich an Ihrer Herzlichkeit zu erfreuen. Denken Sie an die Taten, die Sie aus der Güte Ihres Herzens heraus vollbracht haben, erfreuen Sie sich an Ihrer Erinnerung und feiern Sie Ihr Potenzial für Gutes. Wiederholen Sie nun leise Sätze, die idealisieren, was Sie sich am meisten wünschen würden.

Wiederholen Sie beispielsweise die folgenden Sätze: „Möge ich körperlich, geistig und emotional gesund sein", „Möge ich verzeihen", „Möge ich mit Leichtigkeit leben" usw. Wiederholen Sie diese Worte in einem Muster, das Ihnen gefällt und achten Sie dabei jeweils nur auf einen Satz. Wenn Ihre Gedanken abschweifen, ist das in Ordnung. Konzentrieren Sie sich einfach erneut. Stellen Sie sich nun vor, Sie befinden sich inmitten derer, die freundlich zu Ihnen waren oder deren Freundlichkeit Sie inspiriert hat. Sehen Sie sich als den Empfänger ihrer Liebe und Freundlichkeit, während Sie die Sätze immer wieder wiederholen. Stellen Sie die Visualisierung am Ende Ihrer Sitzung ein, wiederholen Sie die Worte jedoch noch etwas länger. Auf diese Weise verwandeln Sie die verletzende Beziehung, die Sie zu sich selbst hatten, und können sich nun auf eine freundliche Zukunft mit Ihnen selbst freuen.

Es gibt nur sehr wenige Dinge, die Sie davon abhalten können, MBSR zu praktizieren, denn wenn Sie einen Verstand haben, können Sie Achtsamkeit üben, und wenn Ihr Körper in der Lage ist, sich zu bewegen, können Sie Yoga machen. Durch Achtsamkeitsmeditationen können wir aktuelle Stressfaktoren angehen und uns auch dabei helfen, unsere Widerstandsfähigkeit gegenüber zukünftigen Stressfaktoren zu entwickeln. Sie kann uns helfen, gesünder zu werden und gleichzeitig ein tieferes, dauerhaftes Gefühl des Friedens zu erlangen.

KAPITEL 10

Umgang mit Stress bei der Arbeit

Wenn Sie jemals einen Arbeitsplatz hatten, haben Sie wahrscheinlich irgendwann einmal arbeitsbedingten Stress erlebt. Selbst wenn es etwas ist, das Sie lieben, hat jeder Job seine stressigen Elemente. Die jährlichen Evaluationen der *American Psychological Association* zum Thema Stress haben durchweg gezeigt, dass die Arbeit für viele Menschen ein bedeutender Stressfaktor ist. Beispiele für kurzfristigen Stress am Arbeitsplatz sind der Druck, eine Frist einzuhalten oder einen Weg zu finden, eine anspruchsvolle Aufgabe zu erledigen. Wenn dieser Stress jedoch chronisch wird, weil Sie einen schwierigen Chef oder Mitarbeiter haben, und das bei ständig wachsender Arbeitsbelastung, kann er Sie leicht überfordern und Sie sowohl körperlich als auch geistig nachteilig beeinflussen und sogar Ihre Leistung beeinträchtigen.

Sie können Arbeitsstress nicht immer vermeiden, aber Sie können Maßnahmen ergreifen, um ihn zu bewältigen und seine schädlichen Auswirkungen zu verringern.

Bewältigung von Stress am Arbeitsplatz

Im Durchschnitt haben die Menschen am Arbeitsplatz zwischen 30 und 100 Projekte oder Aufgaben zu bearbeiten. An einem Tag wird der Arbeitnehmer heutzutage etwa zehn Mal pro Stunde unterbrochen und kann bis zu zwei Stunden pro Tag abgelenkt werden. Selbst wenn man die Zeit, die man mit der Familie verbringt und die Zeit, die man entweder mit Schlafen, im Verkehr oder mit anderen Aktivitäten verbringt, weglässt, bleibt einem nicht genug Zeit, um sich angemessen mit diesen Projekten zu beschäftigen. In großen Unternehmen erleben vier von zehn Arbeitnehmern eine Unternehmensumstrukturierung und sind mit großer Unsicherheit über ihre Zukunft in diesen Unternehmen konfrontiert. Vielleicht stecken Sie mitten in einem Projekt, wenn Ihnen Ihr Chef ein anderes, dringendes Projekt auf den Tisch legt oder Ihr Kollege ein Gruppenprojekt durcheinander bringt. All diese Szenarien können am Arbeitsplatz auftreten und Stress auslösen.

Nach Angaben des *American Institute of Stress* gaben 40 Prozent der Menschen mit einem Arbeitsplatz (sowohl Arbeitgeber als auch Arbeitnehmer) an, dass ihr Arbeitsplatz ihr größter Stressfaktor sei. 80 Prozent der Arbeitnehmer sind der Meinung, dass sie Hilfe benötigen, um zu lernen, wie sie mit ihrem Stress umgehen können, während sie feststellen, dass etwa 42 Prozent ihrer Kollegen ebenfalls eine solche Hilfe benötigen. Hinzu kommt noch, dass die meisten Erwachsenen nachts wach lagen, weil sie von den stressigen Ereignissen geplagt wurden, die an diesem Tag stattfanden. Und obwohl viele Studien die am meisten und am wenigsten belastenden Berufe aufführen, müssen wir verstehen, dass nicht der Job, sondern die Anpassung der Person an die Umgebung wichtig ist. Beispielsweise arbeiten einige Menschen gut unter Druck, während andere es nicht tun. Andere mögen es, Dinge zu tun, die für die meisten von uns zu viel wären, solange sie das Gefühl haben, die Kontrolle zu haben. Andere ziehen es vor, Verantwortung zu meiden und bei der Ausführung von Aufgaben nur das Nötigste zu tun. Dies ist ein wichtiger Aspekt von Stress am Arbeitsplatz, den wir verstehen müssen, da er großen Einfluss darauf hat, wie Sie mit arbeitsbedingtem Stress umgehen werden.

Selbst in identischen Situationen können zwei Menschen ein unterschiedliches Maß an Stress erfahren. Wenn Sie versuchen, herauszufinden, wie Sie am besten mit arbeitsbedingtem Stress umgehen, müssen Sie daran denken, dass es sich um eine sehr persönliche Erfahrung handelt, die selbst in identischen Situationen aus verschiedenen Gründen variiert.

Hier sind einige der Faktoren aufgeführt, die arbeitsbedingten Stress verursachen können:

- Niedriges Gehalt
- Zunehmende unbezahlte Überstunden und übermäßige Arbeitsbelastung durch Personalabbau
- Angst vor dem Verlust des Arbeitsplatzes
- Wenig Gelegenheiten für Wachstum oder Aufstieg in der Karriere
- Der Druck, immer optimal zu arbeiten
- Die Arbeit ist geistig nicht ansprechend oder herausfordernd.
- Der Druck, bessere Leistungen zu erbringen, um die steigenden Erwartungen zu erfüllen, aber keine Steigerung der Arbeitszufriedenheit
- Fehlende soziale Unterstützung
- Nicht genügend Kontrolle über arbeitsbezogene Entscheidungen; keine Kontrolle darüber, wie Sie Ihre Arbeit tun
- Widersprüchliche Anforderungen oder unklare Leistungserwartungen; unklar, wie bestimmte Aufgaben zu handhaben sind; enttäuscht sein von einem Kollegen, weil er nicht die von Ihnen gewünschte Leistung erbracht hat

Einige der Warnzeichen für arbeitsbedingten Stress sind:

- Erhöhte Ängstlichkeit, Reizbarkeit oder sogar Depressionen
- Gleichgültigkeit und Verlust des Interesses an Ihrer Arbeit
- Unfähigkeit zu schlafen; man dreht sich ständig hin und her
- Müdigkeit, auch nach dem Aufstehen am Morgen
- Schwierigkeiten, sich auf etwas zu konzentrieren
- Muskelverspannungen oder Kopfschmerzen
- Probleme mit dem Magen
- Sozialer Rückzug

- Verlust des Sexualtriebes
- Alkohol- und Drogenmissbrauch, um die Gedanken zu beruhigen und/oder um mit ihnen umzugehen

Dean arbeitete an einem Ort, den er für seinen idealen Arbeitsplatz hielt. Er hatte hart gearbeitet, um dorthin zu gelangen, war lange im Büro geblieben, arbeitete zu Hause und sogar an den Wochenenden und verbrachte viel Zeit fernab von seiner Familie und seinen Freunden. All seine harte Arbeit blieb nicht unbemerkt und bald erhielt er ein Angebot von einem anderen Unternehmen. Sie boten ihm eine leitende Position an, bei der er eine kleine Gruppe leiten sollte. Dean war begeistert. Kurz nachdem er seine neue Stelle angetreten hatte, merkte er, dass der Leistungsdruck immer da war. Er hatte Anforderungen vom oberen Management und auch Druck durch die Leitung eines Teams und dessen verschiedene Bedürfnisse. Sein Leben zu Hause war ebenfalls chaotisch, da er und seine Frau gerade ein kleines Mädchen bekommen hatten, das nicht gut schlief, was bedeutete, dass die beiden ebenfalls nicht gut schliefen. Dies verursachte viele Spannungen zu Hause.

Sein Team war für eine sehr wichtige Werbekampagne verantwortlich, und es wurde viel Wert darauf gelegt, den Kunden eine gute Präsentation zu bieten. Dean war bereits nervös, da er nicht so gut schlief, nicht essen konnte und seine Gedanken rasten. Er hatte das Gefühl, keine Zeit mehr für irgendetwas zu haben und seine Konzentration ließ nach. Er konnte Probleme, auf die er aufmerksam gemacht wurde, nicht mehr durchdenken, und ihm wurde auch oft schlecht. Jetzt musste er dieses große Projekt beaufsichtigen - das verstärkte den Druck, den er fühlte, nur noch mehr.

Am Tag der Präsentation verschüttete Jamie, einer von Deans Praktikanten, Kaffee auf seinen Schreibtisch, wobei er einige seiner Notizen für die Präsentation beschädigte, gerade dann, als er zur Sitzung gehen wollte. Dean rastete aus. Er fing an, Jamie anzuschreien, was eine Szene auslöste, in der sich alle fragten, warum der nette Dean den armen Jamie so anschrie. Aber dann passierte etwas. Während seines Ausbruches umklammerte Dean plötzlich seine Brust und brach zusammen. Er wurde in die Notaufnahme gebracht, wo die Ärzte feststellten, dass er einen Herzinfarkt erlitten hatte.

Als er das Bewusstsein wiedererlangte, erzählte ihm der Arzt, was passiert war und er sagte Dean, dass das, was ihn wirklich beeinträchtigte, der Stress und Druck war, unter dem er stand. Das hat den Herzinfarkt verursacht. Dies war ein Weckruf für Dean, dass er sich ändern müsse. Als er entlassen wurde, suchte er also einen Berater auf, der ihm half, seine Stressoren zu identifizieren und ihm verschiedene Möglichkeiten beibrachte, wie er mit Stress umgehen konnte, sei es zu Hause oder am Arbeitsplatz. Er lernte, seine Prioritäten zu setzen und nur das zu übernehmen, womit er umgehen konnte. Er machte wieder Sport, etwas, das er liebte, und achtete darauf, was er aß. Diese wenigen Veränderungen machten mit der Zeit einen großen Unterschied und halfen ihm, ein besseres Leben zu führen und ein neues Maß an Arbeitszufriedenheit zu erreichen.

Wenn Sie das Gefühl haben, dass Ihnen Ihre Arbeit zu viel wird und Sie keine Kontrolle darüber haben, laufen Sie Gefahr, Krankheiten, wie Herzkrankheiten oder Bluthochdruck, zu bekommen. Der Schweregrad Ihres beruflichen Stresses hängt von seinen Anforderungen, Ihrem Kontrollgefühl und der Entscheidungslage ab, in der Sie sich befinden, wenn Sie mit den Anforderungen umgehen. Können Sie einige von Deans Stressoren identifizieren? Schauen wir uns die verschiedenen Möglichkeiten an, wie Sie mit Ihrem Stress umgehen können, und sehen wir, ob Sie einige identifizieren können, die Dean hätten helfen können.

Wege, wie Sie mit Stress an Ihrem Arbeitsplatz umgehen können

Arbeitsbedingter Stress verschwindet nicht einfach, sobald Sie nach Hause kommen. Er kann andauern und Ihrer Gesundheit und Ihrem Wohlbefinden schaden. Unkontrollierter Stress kann zu Kopfschmerzen, Magenverstimmung, Schlaflosigkeit und

Konzentrationsschwierigkeiten führen. Wenn er andauert, kann er zu Angstzuständen, Depressionen, Schlafstörungen, Magenproblemen, Herz-Kreislauf-Problemen und, da das Immunsystem geschwächt ist, zu opportunistischen Infektionen führen. Die Art und Weise, wie Sie mit Ihrem Stress umgehen, kann Ihren Zustand verschlimmern, z. B. durch übermäßiges Essen, viel Junkfood oder Alkohol- und Drogenmissbrauch.

Während Stress bei der Arbeit erwartet wird, kann übermäßiger Stress Ihre Produktivität und Leistung beeinträchtigen. Was auch immer Ihre Arbeit von Ihnen verlangt, laut der *American Psychological Association* gibt es Techniken, Fertigkeiten und Maßnahmen, die Sie ergreifen können, um sich vor den schädlichen Auswirkungen von Stress zu schützen, Ihr Wohlbefinden zu steigern und Ihnen mehr Arbeitszufriedenheit innerhalb und außerhalb Ihres Arbeitsplatzes zu verschaffen. Sehen wir uns einige dieser Techniken an.

1. Beobachten Sie Ihre Stressoren

Achten Sie auf Dinge, die an Ihrem Arbeitsplatz Stress auslösen könnten. Indem Sie Ihre Stressoren identifizieren, können Sie leicht Wege finden, sie abzubauen oder zu vermeiden. Sie können etwa eine Woche lang ein Tagebuch führen und alle Situationen identifizieren, die Stress verursacht haben und auch notieren, wie Sie darauf reagiert haben. Halten Sie Ihre Gedanken, Gefühle und alle Informationen über die Situation fest und notieren Sie auch die beteiligten Personen und Umstände. Denken Sie darüber nach, wie Sie reagiert haben: Haben Sie Ihre Stimme erhoben? Haben Sie ans Essen gedacht? Oder sind Sie spazieren gegangen? Wenn Sie diese Reaktionen zur Kenntnis nehmen, können sie dazu beitragen, die zugrunde liegenden Muster unter Ihren Stressoren zu erkennen und herauszufinden, wie Sie gewöhnlich darauf reagieren.

2. Haben Sie gesunde Reaktionen

Lehnen Sie sich zurück und denken Sie darüber nach, wie Sie auf Stressoren reagieren. Wenn Sie sich bei der Arbeit in einer Stresssituation befinden, haben Sie einen Wutausbruch, verdrängen Sie Ihre Gefühle, gehen Sie weg oder versuchen Sie, Ihre Gefühle „wegzuessen" oder „wegzutrinken"? Oder konfrontieren Sie denjenigen, die Ihnen Probleme bereiten? Anstatt diese negativen Methoden zur Stressbekämpfung zu nutzen, sollten Sie lieber versuchen, gesünder zu reagieren. Es gibt viele Dinge, die Sie tun können, um Stress abzubauen, wie z. B. Bewegung, Yoga, Meditation, gesunde Ernährung oder tiefes Atmen.

Sie können sich auch Zeit für Ihre Hobbys und andere Lieblingsbeschäftigungen nehmen, wie z. B. ein Buch lesen, in ein Konzert gehen, Spiele spielen usw. Wenn Sie sich diese Zeit für etwas reservieren, das Sie gerne tun, oder für Menschen, die Sie lieben, können Sie Ihren Stresspegel erheblich reduzieren. Indem Sie gesunde Möglichkeiten entwickeln, auf Stress zu reagieren, verringern Sie seine negativen Auswirkungen auf Ihren Körper und die Belastung, die er Ihnen und anderen auferlegt.

3. Grenzen setzen

In der heutigen Welt ist es leicht, Druck zu spüren, weil wir rund um die Uhr verbunden sind. Daher ist es wichtig, eine gewisse Work-Life-Balance zu entwickeln, indem man sich selbst einige Grenzen setzt. Das könnte bedeuten, dass Sie Ihre Arbeit nicht mit nach Hause nehmen, Ihre E-Mails oder Ihr Telefon während der Familienzeit nicht checken oder Anrufe von der Arbeit nicht von zu Hause aus beantworten. Jeder Mensch hat andere Präferenzen, wenn es darum geht, wie sehr er seine Arbeit oder sein Privatleben schätzt. Aber die Schaffung sehr klarer Grenzen zwischen diesen beiden Welten verringert die Wahrscheinlichkeit von Konflikten und dem daraus resultierenden Stress.

4. Prioritäten setzen und organisieren

Sie müssen nicht alles alleine machen. Lernen Sie, Prioritäten zu setzen, Aufgaben zu organisieren und zu delegieren, um Ihre Arbeitsbelastung zu verringern. Erledigen Sie Aufgaben mit hoher Priorität zuerst und teilen Sie sie auf, um sie leichter bewältigen zu können. Delegieren Sie Verantwortlichkeiten und seien Sie entgegenkommend. Erstellen Sie einen ausgewogenen Zeitplan und nehmen Sie sich genügend Zeit für Ihre Familie, soziale Aktivitäten, andere Verantwortlichkeiten und Auszeiten, um einem Burnout vorzubeugen. Lernen Sie, früher zu gehen, planen Sie regelmäßige Pausen ein und legen Sie gesunde Grenzen fest. Setzen Sie sich auch nicht zu sehr für eine Aufgabe ein. Es ist in Ordnung, zu sagen, dass Sie vielleicht nicht in der Lage sind und nicht das Gefühl haben, Menschen im Stich zu lassen. Verstehen Sie, was Sie tun sollten und was Sie tun müssen und lassen Sie unnötige Aufgaben weg.

5. Brechen Sie schlechte Gewohnheiten ab

Wenn man darüber nachdenkt, sind es unsere negativen Gedanken und Verhaltensweisen, die den Stress am Arbeitsplatz für uns oft noch schlimmer machen. Wenn Sie sie ändern können, können Sie Ihren Stress verringern und Ihre Arbeitsbedingungen verbessern. Widerstehen Sie dem Drang nach Perfektionismus in allem, was Sie tun, weil Sie sich sonst nur auf Frustration einstellen können. Setzen Sie sich stattdessen realistische Ziele und Erwartungen, geben Sie Ihr Bestes und seien Sie mit einer qualitativ hochwertigen Arbeit zufrieden. Sie können nicht alles kontrollieren, also versuchen Sie es auch nicht. Lernen Sie, damit zurechtzukommen. Wenn Ihnen die Motivation oder die Energie fehlt, die Sie zur Arbeit brauchen, versuchen Sie, zu ändern, wie Sie über Ihre Arbeit denken. Seien Sie positiver, halten Sie sich von negativen Kollegen fern, und schätzen Sie immer die kleinen Leistungen, die Sie erbringen, auch wenn es sonst niemand tut.

6. Nehmen Sie sich Zeit zum Entspannen

Nehmen Sie sich eine Auszeit und entspannen Sie sich. Das kann helfen, ein Burnout zu vermeiden und Sie motiviert und energisch zu halten. Ihr Körper braucht Zeit, um sich zu erholen, also nehmen Sie sich Zeit, in der Sie sich nicht an arbeitsbezogenen Aktivitäten beteiligen oder indem Sie gar nicht an die Arbeit denken. Nutzen Sie Ihre Urlaubstage und gehen Sie irgendwohin, wo Sie sich entspannen können. Diese Abkoppelung ist entscheidend, um Ihnen zu helfen, sich zu entspannen.

7. Schlafen Sie gut

Sie müssen eine gute Nachtruhe haben. Zu wenig Schlaf beeinträchtigt Ihre Produktivität, Kreativität und Ihre Fähigkeit, Probleme zu lösen und sich zu konzentrieren. Wenn Sie ausgeruht sind, sind Sie besser in der Lage, Ihren beruflichen Verpflichtungen nachzukommen und Stress zu bewältigen. Finden Sie Wege, um die Qualität Ihres Schlafes zu verbessern. Es geht nicht um die Anzahl der Stunden, die Sie schlafen, sondern um die Qualität des Schlafes. Versuchen Sie, jeden Tag, auch am Wochenende, zur gleichen Zeit zu schlafen und aufzustehen. Vermeiden Sie koffeinhaltige Getränke einige Stunden vor dem Schlafengehen und verändern Sie Ihr Schlafzimmer, um es schlaffördernder zu gestalten.

Versuchen Sie, etwa acht Stunden Schlaf zu bekommen. Dies ist die für die meisten Erwachsenen empfohlene Menge. Schalten Sie Fernseher, Telefone, Computer und andere elektronische Geräte aus, die die Melatoninproduktion Ihres Körpers unterdrücken und Ihren zirkadianen (Schlaf-/Wach-)Rhythmus beeinträchtigen können. Beschäftigen Sie sich vor dem Schlafengehen mit beruhigenden, besänftigenden Aktivitäten, wie Lesen, Musik hören oder Meditation, anstatt zu versuchen, vor dem Schlafengehen Arbeit nachzuholen.

8. Suchen Sie sich Hilfe

Ziehen Sie in Erwägung, sich Unterstützung zu holen, indem Sie Hilfe von Freunden, Familienmitgliedern und sogar Kollegen annehmen, denen Sie vertrauen, um Ihre Belastbarkeit und Ihre Fähigkeit zur Bewältigung von arbeitsbedingtem Stress zu entwickeln. Wenn Sie sich jedoch weiterhin überfordert fühlen, sollten Sie in Erwägung ziehen, mit einem Psychologen zu sprechen, der Ihnen helfen kann, das Urproblem herauszufinden, Ihr selbstzerstörerisches Verhalten zu ändern und Ihren Stress zu bewältigen.

9. Gehen Sie bei Ihrer Arbeit proaktiv vor

Eine gewisse Kontrolle über Ihren Job oder Ihre Karriere zurückzugewinnen, kann Ihnen helfen, Ihren Stress zu bewältigen. Sprechen Sie mit Ihrem Vorgesetzten über die Stressoren an Ihrem Arbeitsplatz. Da sich viele Unternehmen der nachteiligen Auswirkungen bewusst sind, die Stress auf ihre Mitarbeiter haben kann, bekämpfen sie ihn proaktiv.

Bitten Sie um eine klare Beschreibung dessen, was Ihre Arbeit, Ihre Verantwortlichkeiten und Pflichten mit sich bringt. Auf diese Weise wird Ihnen nicht etwas zugewiesen, das außerhalb der Parameter Ihres Arbeitsplatzes liegt. Sie können auch eine Versetzung beantragen, um einer negativen Umgebung zu entgehen. Wenn Sie der Meinung sind, dass Ihre derzeitige Stelle Ihnen keine Möglichkeit bietet, in Ihrer Karriere voranzukommen, warum fragen Sie nicht nach neuen Aufgaben? Suchen Sie nach Arbeitszufriedenheit und finden Sie Sinn in Ihrer Arbeit. Dies könnte einen Wechsel von Verantwortlichkeiten bedeuten, wie z. B. die Arbeit in einer anderen Abteilung.

10. Lernen Sie, sich zu entspannen

Erfahren Sie mehr über die verschiedenen Techniken, mit denen Sie Stress abbauen und bewältigen können, wie Meditation, Atemübungen und Achtsamkeit. Schauen Sie sich die vorherigen Kapitel an, um die vielen verschiedenen Techniken zu sehen, die Sie zum Umgang mit Ihrem Stress einsetzen können, und wie Sie sie praktizieren können.

Hätte Dean einige dieser Techniken angewandt, wie z. B. Bewegung, Wege zur Lösung seines Schlafproblems zu finden, mit seinem Vorgesetzten über Hilfe beim Projekt zu sprechen, gesünder zu essen und besser auf sich zu achten, wäre er vielleicht in der Lage gewesen, mit dieser Situation und seinem allgemeinen Stress viel besser umzugehen.

Einfache Tipps, die helfen können, Ihren arbeitsbedingten Stress zu reduzieren:

- Beginnen Sie den Tag richtig, am besten mit etwas Meditation, um Sie in die richtige Denkweise zu bringen.
- Haben Sie eine klare Liste der Anforderungen für Ihre Arbeit und der Aufgaben, die Sie an andere delegieren.
- Vermeiden Sie Konflikte.
- Halten Sie sich organisiert, räumen Sie alle Unordnung auf Ihrem Schreibtisch auf und planen Sie, was Sie zu tun haben.
- Versuchen Sie nicht, zu viele Dinge auf einmal zu tun.
- Machen Sie während Ihres Mittagessens einen Spaziergang in der Natur und nehmen Sie gedanklich an der Geh-Meditation teil.
- Seien Sie kein Perfektionist.
- Hören Sie Musik zur Beruhigung.

FAZIT

In unserer technologisch fortgeschrittenen Welt sind wir mit Bedrohungen und Anforderungen konfrontiert, die unsere Stressreaktion und die daraus resultierende Kaskade ungesunder biologischer Reaktionen auslösen können, die zu Stress führen. Wie ich bereits sagte, kann dies in einer Reihe von stressbedingten Krankheiten resultieren, zu denen Herz-Kreislauf-Erkrankungen, Angststörungen, Depressionen, Fettleibigkeit und eine Vielzahl anderer Erkrankungen gehören, die durch ein geringes Immunsystem und gestörte Verdauungsprozesse ausgelöst werden. In diesem Buch erfahren Sie, wie Sie Ihren Stress und seine Auswirkungen auf verschiedene Weise lindern und kontrollieren können.

Es könnte schwierig sein, eine Sammlung von Techniken zur Stressreduzierung und -bewältigung zu finden, wie sie in diesem Buch zusammengefasst sind. Es handelt sich dabei um eine Kombination von Techniken zur Beruhigung von Körper und Geist, die darauf abzielen, Ihnen beizubringen, wie Sie auf Stress auf verschiedene Weise reagieren können. Sie sind wissenschaftlich fundiert und auch praktisch, geschrieben in einem ansprechenden, leicht zu lesenden Format, das es Ihnen erlaubt, genau das zu finden, wonach Sie suchen. Wenn Sie schnelle Wege zum Stressabbau benötigen, springen Sie einfach zu Kapitel zwei oder Sie probieren einige der Entspannungstechniken in Kapitel acht aus. Dieses Buch lehrt auch psychologische Praktiken, wie Meditation und Achtsamkeit, die Ihnen helfen können, ungesunde Reaktionen auf Stress zu bekämpfen und gleichzeitig Ihre Widerstandskraft zu stärken.

Ich habe in diesem Buch viel behandelt, aber lassen Sie uns einige der wichtigsten Punkte noch einmal zusammenfassen:

Im ersten Kapitel geht es um die Grundlagen von Stress. Was ist Stress? Wie reagiert unser Körper auf Stress? Was ist die Stressreaktion? Was findet während einer Stressreaktion statt?

Und was sind einige der Ursachen von Stress? Wir haben Stress definiert, wie wir auf die Anforderungen von Veränderungen in unserer Umwelt reagieren und besprochen, dass Stress gut oder schlecht sein kann. Wir untersuchten die verschiedenen Arten von Stress - akuten Stress und chronischen Stress. Akuter Stress wird auch als kurzfristiger Stress bezeichnet und ist das, was wir spüren, wenn wir uns in einer Stresssituation befinden. Diese Art von Stress verschwindet aber auch schnell wieder. Chronischer Stress hingegen nicht. Vielleicht ist Ihnen gar nicht bewusst, dass Sie unter chronischem Stress leiden - möglicherweise denken Sie, dass die Situation, in der Sie sich befinden, normal ist. Nach dem Lesen dieses Buches sollte Ihnen jedoch klar sein, dass der ständige Druck, den Sie spüren, nicht gut für Sie ist und dass etwas dagegen getan werden sollte.

Kapitel zwei gibt einen Überblick über einige der wenigen Stressbewältigungstechniken, die Sie anwenden können. Es enthält eine Aufschlüsselung der schnellen Stresslöser und anderer langfristiger Techniken, die Ihnen helfen, Ihre Widerstandsfähigkeit gegen Stress zu stärken. Das dritte Kapitel zeigt Ihnen, wie Sie Stressoren identifizieren können. Das sind die Faktoren, die zu Ihrem Stress beitragen. Indem Sie die bekannten Stressoren durchgehen, die ich aufgelistet habe, oder indem Sie ein Tagebuch führen, können Sie herausfinden, was Ihren Stress hervorruft. Kapitel vier befasst sich mit den vier Säulen des Stressmanagements. Wenn Sie verstehen, was jede dieser Säulen mit sich bringt, können Sie lernen, wann es am besten ist, einen Stressfaktor zu vermeiden, ihn zu verändern, sich an ihn anzupassen oder ihn zu akzeptieren.

In den folgenden Kapiteln beschäftigten wir uns mit der Frage, wie Sie sich weniger Sorgen machen und Ihr Leben mehr genießen können, was Sie beunruhigen könnte und wie Sie damit umgehen können. Wir untersuchten auch, was emotionale Belastbarkeit und mentale Stärke sind und wie Sie diese aufbauen können, um Stress zu bekämpfen. Wenn Sie emotionale Belastbarkeit und mentale Stärke entwickeln, sind Sie besser in der Lage, alles zu bewältigen, was auf Sie zukommt und sind nicht so leicht davon betroffen. Wir befassten uns auch mit verschiedenen Entspannungstechniken und wie Sie diese einsetzen können, um Ihre emotionale und mentale Belastbarkeit zu stärken. Wir schauten uns an, wie Achtsamkeit bei den Techniken angewendet werden kann, die wir zum Abbau von Stress einsetzen. Schließlich beschäftigten wir uns mit arbeitsbedingtem Stress und wie Sie damit umgehen können.

Alle in diesem Buch erwähnten Techniken helfen Ihnen, mit Ihrem Stress besser umzugehen. Ich habe Ihnen gezeigt, wie Sie Techniken, wie Achtsamkeit, Meditation und Entspannungsmethoden, einsetzen können, um Ihre Belastbarkeit zu stärken und unter Druck ruhig zu bleiben. Auf diese Weise können Sie die Situation eher objektiv als subjektiv betrachten und dabei eine andere Perspektive einnehmen. Sie können dann neue Wege finden, wie Sie mit Ihrer Situation umgehen können.

Anstatt am Schreibtisch zu sitzen und sich Sorgen darüber zu machen, wie viel Arbeit Sie zu erledigen haben, sollten Sie Ihre Aufgaben nach Wichtigkeit ordnen und sich zuerst auf diese konzentrieren. Wenn Sie die Arbeit delegieren können, ist das sogar noch besser. Sie müssen jedoch bedenken, dass wir alle unterschiedliche Maßstäbe haben, also erwarten Sie nicht, dass jeder Ihren Ansprüchen gerecht wird. Was für mich perfekt ist, braucht nach Ihrer Meinung vielleicht noch etwas Arbeit. Aber fragen Sie sich, ob die Bedingungen der von Ihnen gestellten Aufgabe erfüllt wurden. Wenn die Antwort ja lautet und die Arbeit gut genug ist, akzeptieren Sie sie. Das Loslassen des Perfektionismus nimmt Ihnen viel unnötigen Stress, den Sie sich selbst und anderen auferlegen.

Die wertvollste Erkenntnis dieses Buches ist, dass Sie nicht unter Ihrem Stress leiden müssen. Durch die Anwendung der Techniken in diesem Buch können Sie die Kontrolle über Ihr Arbeits- und Privatleben zurückgewinnen und deren Qualität verbessern. Ergreifen Sie jetzt Maßnahmen gegen Stress und beginnen Sie, Ihr Leben in vollen Zügen zu genießen.

VERWEISE

The American Institute of Stress. (n. d.).
https://www.stress.org/what-is-stress

Mayo Clinic Staff. (31. März 2017). Stress management. Abgerufen von
https://www.mayoclinic.org/healthy-lifestyle/stress-management/basics/stress-basics/hlv-20049495

Alarm Stage of Stress: Definition & Explanation. (16. Juni 2015). Abgerufen von https://study.com/academy/lesson/alarm-stage-of-stress-definition-lesson-quiz.html

Higuera, V. (n. d.). What Is General Adaptation Syndrome? Abgerufen am 1. Mai 2017, von https://www.healthline.com/health/general-adaptation-syndrome#definition

Felman, A. (28. November 2017). Why stress happens and how to manage it. Abgerufen von https://www.medicalnewstoday.com/articles/145855.php#what_is_stress

DeMorrow S. (26. März 2018). Role of the Hypothalamic-Pituitary-Adrenal Axis in Health and Disease. International journal of molecular sciences, 19(4), 986. doi:10.3390/ijms19040986

Mayo Clinic Staff. (28. März 2019). Stress management. Abgerufen von
https://www.mayoclinic.org/healthy-lifestyle/stress-management/in-depth/stress-management/art-20044151

Scott, E. (11. September 2019). 5 Ways to Calm Down Quickly When You're Feeling Overwhelmed. Abgerufen von https://www.verywellmind.com/ways-to-calm-down-quickly-when-overwhelmed-3145197

Scott, E. (8. Oktober 2019). An Overview of Stress Management. Abgerufen von https://www.verywellmind.com/stress-management-4157211

Moore, C. (28. Juni 2019). What Is Mindfulness? Definition + Benefits (Incl. Psychology). Abgerufen von https://positivepsychology.com/what-is-mindfulness/

Martin, B. (19. Juni 2019). In-Depth: Cognitive Behavioral Therapy. Abgerufen von https://psychcentral.com/lib/in-depth-cognitive-behavioral-therapy/

Olpin, M., & Hesson, M. (2012). Stress Management for Life: A Research-Based Experiential Approach. Boston: Cengage Learning.

Alidina, S. (2015). The Mindful Way Through Stress: The Proven 8-Week Path to Health, Happiness, and Well-Being. New York City: Guilford Publications.

Alpert, J. (8. Juni 2014). 6 Powerful Steps to Stop Worrying and Start Living. Abgerufen von https://www.huffpost.com/entry/6-powerful-steps-to-stop-_b_5265123

Robinson, L., Smith, M., & Segal, J. (Oktober 2019). How to Stop Worrying. Abgerufen von https://www.helpguide.org/articles/anxiety/how-to-stop-worrying.htm

American Psychological Association. (n. d.). The Road to Resilience. Abgerufen von https://www.apa.org/helpcenter/road-resilience

Chowdhury, M. R. (4. Juli 2019). What is Emotional Resilience and How to Build It? Abgerufen von https://positivepsychology.com/emotional-resilience/

Scott, E. (6. Oktober 2019). Why Emotional Resilience Is a Trait You Can Develop. Abgerufen von https://www.verywellmind.com/emotional-resilience-is-a-trait-you-can-develop-3145235

Daskal, L. (13. Juli 2015). 18 Powerful Ways to Build Your Mental Toughness. Abgerufen von https://www.inc.com/lolly-daskal/18-powerful-ways-to-build-your-mental-strength.html

Stulberg, B. (9. September 2019). How to Develop Mental Toughness. Abgerufen von https://www.outsideonline.com/2401678/mental-toughness-tips

Collis, R., & Archer, R. (n. d.). WHAT IS PSYCHOLOGICAL FLEXIBILITY? Abgerufen von https://workingwithact.com/what-is-act/what-is-psychological-flexibility/

Ribeiro, M. (5. Dezember 2019). How to Become Mentally Strong: 14 Strategies for Building Resilience. Abgerufen von https://positivepsychology.com/mentally-strong/

Jeffrey, S. (n. d.). 7 Steps to Discover Your Personal Core Values. Abgerufen von https://scottjeffrey.com/personal-core-values/

MacDonald, A. (10. November 2015). Using the relaxation response to reduce stress. Abgerufen von https://www.health.harvard.edu/blog/using-the-relaxation-response-to-reduce-stress-20101110780

Scott, E. (11. Oktober 2019b). Relaxation Response for Reversing Stress. Abgerufen von https://www.verywellmind.com/what-is-the-relaxation-response-3145145

Robinson, L., Segal, R., Segal, J., & Smith, M. (Oktober 2019). Relaxation Techniques for Stress Relief. Abgerufen von https://www.helpguide.org/articles/stress/relaxation-techniques-for-stress-relief.htm

Scott, E. (15. August 2019a). How to Reduce Stress With Breathing Exercises. Abgerufen von https://www.verywellmind.com/how-to-reduce-stress-with-breathing-exercises-3144508

American Psychological Association. (n. d.-a). Coping With Stress at Work. Abgerufen von https://www.apa.org/helpcenter/work-stress

Visualization and Guided Imagery Techniques for Stress Reduction. (n. d.). Abgerufen von https://www.mentalhelp.net/stress/visualization-and-guided-imagery-techniques-for-stress-reduction/

BONUSHEFT

Als Beilage zu diesem Buch erhalten Sie ein kostenloses E-Book zum Thema „14 Tage Achtsamkeit".

In diesem Bonusheft entdecken Sie bewährte Achtsamkeitstechniken, die Sie in Ihrem Alltag problemlos anwenden können, um mehr im gegenwärtigen Moment zu leben. Sie werden damit täglich mehr Ruhe und Frieden in Ihr Leben bringen.

Sie können das Bonusheft folgendermaßen erhalten:

Öffnen Sie ein Browserfenster auf Ihrem Computer oder Smartphone und geben Sie Folgendes ein:

de.derickhowell.com

Sie werden dann automatisch auf die Download-Seite geleitet.

Bitte beachten Sie, dass dieses Bonusheft nur für eine begrenzte Zeit zum Download verfügbar ist.

CPSIA information can be obtained
at www.ICGtesting.com
Printed in the USA
BVHW040800241220
596430BV00001B/2

9 781647 801687